英国海兵隊に学ぶ

MISSION LEADERSHIP

最強組織のつくり方

マッキニーロジャーズ 日本代表
岩本 仁
JIN IWAMOTO

かんき出版

推薦の言葉

THE ROYAL MARINES

変化が激しく将来の予測が困難な現代、「自らのミッション（役割）をよく理解し、自ら考え行動する人材」をいち早く育成することが企業存続のためのカギである。本書はそれに気づかせてくれる企業戦士必須のバイブルだ！

昭和シェル石油（株）代表取締役社長　**新井 純**

コンビニは典型的な地域密着型ビジネス。地域に根差し顧客ニーズに応えるため、現場への権限委譲と持続的改善を行うリーダー育成の連動が重要だ。ローソンは英国海兵隊の研修「ミッションリーダーシップ」を取り入れている。

（株）ローソン　代表取締役社長　**新浪 剛史**

グローバル企業にとって、明確な「ミッション」と全員の「言動」の連動はクリティカルだ。この連動が火花となり、エンジン内部でガソリンを起爆しピストンを動かすがごとく、権限委譲の効果を爆発的に高める。ミッションリーダーシップは、RBSジャパンがこの連動を実現するための礎となっている。

ロイヤルバンク・オブ・スコットランドPLC東京支店 在日代表 **アーンフレッド・オルセン**

高く明確なビジョンを掲げ、社員全員がその実現に向けて努力をする組織を創る。当たり前のことだが、その実践には誰もが納得できる哲学が必要だ。極限の環境から生まれたミッションリーダーシップにはその力がある。

伊藤忠食品（株）代表取締役社長 **濱口泰三**

事業ビジョンへの共感とミッションへの誓いがチャレンジするリーダーと組織をつくる。ファイザーエスタブリッシュ医薬品部門が、「エスタブリッシュ医薬品で日本の医療を変える」というビジョンの実現に向け全員で挑戦するうえで、ミッションリーダーシップは重要な役割を果たしている。

ファイザー（株）取締役執行役員 エスタブリッシュ医薬品事業部門長 **松森 浩士**

オーナーでもたたき上げでもない私にとって、悩んだ挙げ句に行き着いた組織マネジメントのスタイルが、権限委譲を前提としたミッションリーダーシップでした。

（株）バーニーズジャパン 代表取締役社長 **上田谷 真一**

予測不能な敵と戦うには、伝統的な中央集権・絶対服従的組織はまったく機能しない。それゆえ、ミッションを共有し、適切に権限を委譲しなければならない。ビジネスの世界にも共通する概念ではないだろうか。この本は「強い組織づくり」のバイブルとして我々に大きなヒントを与えてくれるでしょう。

シック・ジャパン（株）取締役会長兼エナジャイザー社 北アジア地区バイスプレジデント **手島 文雄**

明確で夢のある長期ビジョンを持ち、いかなる困難に遭遇しても、ビジョン達成に向けて全員で進み続ける組織。ミッションリーダーシップは、一人ひとりの潜在力を解き放ち、社員に誇りを植えつけることで、そのような組織をつくる方法論だ。

クリスピー・クリーム・ドーナッツ・ジャパン（株）代表取締役社長 **岡本 光太郎**

What is simple is understood, what is understood is done.

（簡潔なことは理解され、理解されたことは実行される）

ダミアン・マッキニー

High Performance Team always exceeds expectation.

（ハイパフォーマンスチームは常に期待を上回る）

ダミアン・マッキニー（写真の円内）

プロローグ
不可能を可能にする英国海兵隊の組織力！
THE ROYAL MARINES

24万人のクルド難民を1カ月で移送するミッション

湾岸戦争後の1991年3月、トルコ南部に派遣されていた英国海兵隊将校ダミアン・マッキニーに、上官から命令が下った。

「イラク北部の山岳地帯に24万人のクルド難民がいる。明朝、部下を率いて現地に向かい、1カ月で彼らを難民キャンプに移送することでその安全を確保せよ。これは君のミッションだ。サポートしてほしいことがあれば言いたまえ」

上官の指示はそれだけだった。

どうやって現地に向かうか、どのようにして難民を移送するかといった具体的な方法については何の指示もなかった。
ダミアンに難民移送の経験はなかった。150人の部下を与えられてはいたものの、それだけで24万人もの数の難民たちをどう移送すればいいのか、まったく見当がつかなかった。

とりあえず、彼は直属の部下を集め、簡潔に指示を伝えた。

「イラク北部にいる24万人の難民を移送する作戦を遂行する。24時間以内に出発できるように準備を整えよ。5時間後にミーティングを開き、作戦の内容を説明する」

1人になったダミアンは思索をめぐらした。
まず「24万人」というのは想像もつかない数だった。そのため、発想を転換して0・1%に当たる「240人」の難民たちをイメージした。それから、情報不足を補うためにヘリコプターに乗り込み、現地の上空を飛んだ。

そうすると、難民のイメージがはっきりしてきた。戦闘の恐怖に脅え、寒さに凍える男女、飢えや病気に苦しむ老人や子どもたち、そういった難民の姿が頭の中に浮かんだのだ。

そこでヘリの機内でダミアンは、

「難民に食料と水を与える」

「テントキャンプを設営し、医療を提供する」

「キャンプまでの安全な移送手段を確保する」

「キャンプ周辺の地雷を除去し、安全を確保する」

という計画を立て、これらの具体的なミッションを無線で部下たちに伝えた。


ミーティングがはじまる前にダミアンが基地に戻ると、積荷を載せたトラックが5台並んでおり、そのうちの1台から若い曹長が飛び降りてきた。

「テントを調達してきました」と彼はいった。

ミーティングでは、上級曹長から、

「ヘリコプターの発進準備は完了しました。いつでもミッションにとりかかれます」との報告が上がった。

ヘリからダミアンが伝えた計画の実行に向けての準備は、着々と進んでいた。

部下たちは「24万人の難民移送」というミッションを共有し、ダミアンが出した指示に基づいて、すでに自分たちで動きはじめていた。

だが、ダミアンの部隊には、難民を救えるだけの医療スタッフがそろっていなかった。そこで、他国の軍隊やNGOなどに呼びかけ、このミッションへの参加を募った。

その結果、ルクセンブルク軍や国境なき医師団、ケア・インターナショナルなど多くの支援団体が集まった。

彼らは「24万人の難民移送」というミッションを共有し、それぞれがどのような支援ができるかを考え、世界中から医師や看護師を集めてくれた。

それからは、英国海兵隊の主導のもとで各国の部隊や団体が自分たちのミッションを遂行した。そして30日後、24万人すべての難民を安全にキャンプに移送することができた。

この作戦において、ダミアンら英国海兵隊の将兵たちは、常にミッションを基準に考え、自分たちで判断し、行動した。

支援に協力した各団体も同じだった。それぞれが自律的に動きつつ、英国海兵隊の部隊とともにミッションを成功に導いた。

このミッションでは、難民のなかにコレラ患者が100人以上発生したために多数の犠牲者が出る可能性もあったが、幸いにも1人の死者も出さずにすんだ。

まさに、不可能を可能にした英国海兵隊のミッション遂行力だったといえる。

現在、ダミアン・マッキニーはビジネスの世界に転身している。

英国海兵隊で学んだ軍隊のマネジメント手法を、ビジネスに生かすコンサルティング会社のCEOを務めている。

その彼は、英国海兵隊時代の経験をこう振り返る。
「軍隊では、部下は上官のコントロールどおりに動くだけだとよくいわれる。しかし、事実はまったく逆だ。私の軍隊人生において、上官にこと細かに管理されたことはほとんどないし、管理したこともない。むしろ、ビジネスの世界のほうが、上司が部下をコントロールしたがる傾向が強い」

そして、こう続ける。

「軍隊では、遂行すべきミッションを与えられ、遂行時の制約条件は伝えられるが、『どのようにやるか』という具体的な行動計画については、大きな自由度が与えられる。自由が与えられれば、責任感が生まれる。それゆえ、兵士たちは、自由を与えられたときに、100%以上の成果を出すことができる。
ビジネスの世界でも同じである。明確なミッションを共有することで、メンバーの自律的な行動を引き出すことができるし、組織としてより大きな成果をあげることができる」

はじめに

なぜ今、軍隊式マネジメント手法がビジネスに必要なのか!?

THE ROYAL MARINES

私が、プロローグで紹介した英国海兵隊将校のダミアン・マッキニーにはじめて会ったのは、2004年2月。米国フィラデルフィアのソフィテルホテルでした。

そのとき、彼はすでに英国海兵隊を名誉除隊し、軍隊で使われているマネジメント手法をビジネスに応用する「マッキニーロジャーズ」というコンサルティング会社を率いていました。同社は世界中にクライアントをもち、11年には英国女王賞を受賞することになります。

イギリスの友人から、すばらしい人物がいるからと紹介されて会ったダミアンは、生まれてはじめて間近に見る、本物の元特殊部隊の指揮官でした。

太い首やスキンヘッドは、ただものではない雰囲気を漂わせていました。眼光の鋭さも、民間人の表情にはまず見られないものでした。

そして、握手をした際の温かい手と人間味あふれる笑顔に、不思議な魅力を感じずにはいられませんでした。

エリート将校とはこういう人たちなのだと、実感しました。

当時の私は、MHD（モエヘネシーディアジオ）の社長として、自社の戦略執行体制を強化するという課題を抱えていました。そのため、機会を見つけてはいろいろな人に会い、アドバイスに耳を傾けていたところでした。

その2カ月前に社長に就任したばかりの私には、社員が舌を巻くような知識も、誰もが納得する実績も、阿吽《あうん》の呼吸で動いてくれる仲間もいなかったからです。

その一方で、イギリスとフランスの大株主からは厳しい達成目標を突きつけられ、消費者の嗜好の変化への迅速・柔軟な対応が求められていました。

ダミアンに会ったとき、私はこのような状況を説明しました。

するとすぐに、彼は私の課題を的確に整理し、簡潔な言葉で自分の考えを示してくれたのです。正直、その洞察力と表現力には驚かされました。

その後、私はマッキニーロジャーズのメンバーであるサー・ロバート・フライ（元英国海兵隊中将）やジェームズ・キャメロン（元英国陸軍将校）に会うことで、その能力が決してダミアン個人の特性ではないことを知りました。

もっとも、彼らに対して個人的な興味は抱いたものの、軍隊で使われているマネジメント手法を自社のビジネスに応用するかどうかとなると、話は別でした。

最新の軍隊式マネジメント手法とは？

その後ロンドンで再会したダミアンに、

「あなたの経歴と人間性には大きな魅力を感じるし、お会いできたことは大変光栄だ。MHDの社長としての私の課題も、社員一丸となって目標達成に全力を尽くすというもので、その点では軍隊が命を賭けてやってきたことと同じでしょう。しかし、軍隊でのやり方を自社に導入するというのは、さすがにありえないと思う」

と伝えると、

「そうですか。では、あなたの思う軍隊のやり方というのを話してもらえますか？」

と聞かれました。そこで、

「自分は軍隊に所属したことはないし、軍人の友人もいないが、命令至上、絶対服従、上意下達といったイメージでしょうか」

こう話す私に対してダミアンは、

「みなさん同じようにおっしゃいます。たしかに軍隊には厳しい規律や訓練がありす。それらは死と隣り合わせの仕事をするうえでは不可欠なものです。

しかし、先進国の軍隊のマネジメントは過去30年で劇的な進化を遂げました。環境変化がそうさせたのです」

「環境変化とは？」

「第二次世界大戦以降、先進国同士の戦争は一度もありません。

それに代わって世界中で起こっているのは、主として対ゲリラ戦や対テロリスト戦です。対テロ戦では、敵の規模、潜伏場所、武器の種類などは何もわかりません。そもそも敵は民間人に紛れ込んでいるため、誰が敵なのかもわかりません。

そのように予測不能な敵と戦うためには、伝統的な軍隊のマネジメント手法である中央集権・絶対服従のやり方はまったく機能しません。司令部からの詳細な命令も、そもそもの予測が間違っていれば意味をもちません。

何より、突然の敵への対処方法をいちいち司令部に確認していたのでは、命令がくる前に敵は破壊作戦を成功させて悠々と引き揚げてしまいます。

そこで古代から現代まで歴史上のさまざまな戦闘事例を研究し、つくり上げられたのが、『ミッションコマンド』という権限委譲型のマネジメント手法です。

ミッションコマンドでは、たとえば『このエリアを明朝6時までに制圧することにより主力部隊のバグダッド侵攻を支援せよ』などと、組織としてのミッションを司令部が決めます。

しかし、どのようにして制圧するかは現場の指揮官に任せます。

与えられた人員、武器、民間人を巻き込まないといった制約のなかで、どのように作戦を展開し、どのように不測の事態に対応するかは、すべて現場に任せるのです。

我々がビジネスに応用して大きな成果をあげているのは、この最新手法＝ミッションコマンドなのです。ビジネスに応用するにあたって、私はこれを『ミッションリーダーシップ』と名づけました」

軍隊式マネジメント手法はビジネスに生かせるのか？

「市場変化が予測困難になり、権限委譲が不可欠となっているのは、ビジネスの世界もまったく同じです」

「そのとおり。ただ1つの点を除いては。……ビジネスで人は死にません」

「……」

「我々の哲学は、生き残ってミッションを達成することをめざしてつくられています。理論的正解を求めているのではありません。ミッションリーダーシップが完成される過程で、我々は高い代償を支払ってきたのです。

そのような極限の世界で確立された方法論であるからこそ、本質的に同じ課題に直面するビジネスの世界で活用する価値があるのです」

そういわれ、私は目が覚める思いでした。しかし、疑問も感じたので、さらに質問をぶつけてみました。

「どうも私は軍隊というものを誤解していたようです。

ただ、ビジネスの世界でも権限委譲の重要性は頻繁にいわれていますが、効果的に実行されている例は多くありません。なぜなら現場に優秀な部下がそろって、彼らに権限委譲できることは少ないからです。

訓練された兵士がそろっているあなた方の世界と違うのではないですか？」

「それもよくいわれることです。あなたは、すべての軍人は非の打ちどころがないほど優秀で、100%信頼して任せられる人間だと思いますか？

とんでもない。ビジネスと同じです。高い基準で採用し、厳しく訓練をしても、優秀な人間とそうでない人間が出てきます」

「では、あなた方も優秀でない部下に対しては、権限委譲しないのですね」

「いいえ、彼らにも権限委譲します」

「それでは、失敗するかもしれないじゃないですか?」

「先ほど我々の哲学を説明しました。我々が権限委譲をするのは、そのような理論があるからではないのです。

そのほうが死ぬ確率が低いからなのです。常に変化し、予測不能な対テロリスト戦では、細かい指示を出してコントロールするほど死ぬ確率が高くなるのです。

これは実戦の経験からわかっていることです」

さらにダミアンは続けました。

「ミッションリーダーシップでは、今述べた権限委譲プロセスと、それを信念をもって実行するリーダーの行動規範が不可欠です。

ミッションリーダーシップが要求する行動は、けっして目新しいものではありません。『明確なミッションを伝える』『簡潔な言葉で話す』『勇気をもって部下に任せる』など、あなたがやろうと思えばできることばかりです。

ミッションリーダーシップに基づいた行動を実践することで、あなたは、自分でも気がついていなかったリーダーとしての資質を引き出せるのです」

ビジネスに応用された軍隊式マネジメント手法とは？

これが、ダミアンと私の現在に至るパートナーシップのはじまりでした。

2008年10月、私は5年間務めたMHDの社長を辞し、マッキニーロジャーズの日本・アジア太平洋代表となりました。

その数カ月前にダミアンから、

「あなたはMHDに3年連続の増収・増益をもたらすと同時に、リーダーとしても大きく成長した。マッキニーロジャーズもヨーロッパ、アメリカで大きな成功を収めてきた。これからはアジア太平洋でミッションリーダーシップを広めていきたい。そして、あなたにぜひその役割を任せたい」

と声をかけられていたからです。

1999年の会社設立以来、将校として戦場での指揮経験がない人間がマッキニーロジャーズの経営陣（パートナー）に迎え入れられたのは、私がはじめてでした。

古くはローマ時代から現代に至るまでのあらゆる軍事行動を、世界中の軍人が研究、分析し、文字どおり命を賭けてつくり上げてきた組織のマネジメント論。その最も進化した形が、ミッションリーダーシップです。

このミッションリーダーシップは、大きく2つの要素から成り立っています。

1つは数学の美しい定理にも通じる「簡潔なプロセス」、もう1つは誰もが共感できる「リーダーの普遍的な行動規範」です。

ビジョンとミッションからなる「プロセス」を組織内に確立し、リーダーに求められる「行動規範」を身につけることで、誰もがリーダーとしての自分の能力を高め、自分の組織のパフォーマンスを向上させることができるのです。

ビジネス版・軍隊式マネジメント手法の概要

本書では、ミッションリーダーシップを理解して使えるようにするため、6つの視点から章を構成し、解説していきます。

第1章　なぜ、あなたの会社のメンバーはバラバラなのか?

現場のリーダーが抱える共通した問題を明らかにしたうえで、企業におけるビジョン、ミッション、リーダーシップの重要性について解説します。

第2章　あなたの会社を劇的に変える権限委譲型の軍隊式マネジメント

軍隊の組織マネジメントが、現在、先進国が採用している姿に変わった理由と、それをビジネスに応用したミッションリーダーシップの概要について説明します。

第3章　ミッションリーダーシップの本質を理解する

アポロ計画、日露戦争、ハイパーレスキュー隊の放水活動という3つの事例を紹介しながら、ミッションリーダーシップの本質を読み解きます。

第4章　ミッションリーダーシップを実践する

ミッションリーダーシップを導入して実践するためのビジョンとミッションの設定の仕方からリーダーシップを発揮する方法まで、事例とともに解説します。

第5章　ミッションリーダーシップを組織に定着させる

ミッションリーダーシップを組織に定着させるために、リーダーにはどのような言動が求められるのか、リーダーシップを身につける訓練を紹介します。

第6章　ミッションリーダーシップでグローバル化に対応する

ミッションリーダーシップを活用してグローバル化に対応する方法を解説します。

それではさっそく、史上最強の軍隊式マネジメントの世界へご案内しましょう。

英国海兵隊に学ぶ　最強組織のつくり方　目次

第2章 あなたの会社を劇的に変える権限委譲型の軍隊式マネジメント

「ミッションリーダーシップの概要」

第3章 ミッションリーダーシップの本質を理解する

「アポロ計画・日露戦争・ハイパーレスキュー隊の事例」

第4章 ミッションリーダーシップを実践する

「ビジョン・ミッションの設定とリーダーシップの発揮」

第5章 ミッションリーダーシップを組織に定着させる

「リーダーシップを身につける訓練」

第6章 ミッションリーダーシップでグローバル化に対応する

「言語・文化・距離の壁を越える」

第1章
なぜ、あなたの会社のメンバーはバラバラなのか?

「ビジョン・ミッション・リーダーシップの欠如」

MISSION LEADERSHIP

社員がまとまらずバラバラなのはなぜか？

現場のリーダーが抱える共通の問題

英国海兵隊に学ぶ権限委譲型のマネジメント手法を解説していく前に、かねてからリーダーの不在が嘆かれている現在の日本企業が抱える問題点について、まずは確認しておきます。

長引く不況から、企業のトップはもとより、マネジャーやチームリーダー、はては一般社員にいたるまでさまざまな課題や問題を抱えていますが、実は共通しているものがあります。

それは、リーダーシップの欠如です。

厳しい競争を強いられる現在のビジネス環境では、全社員が一丸となって競合企業に立ち向かっていかなければなりません。にもかかわらず現実はというと、社員がまとまるどころかバラバラになっている企業が少なくありません。

企業がめざすべき方向を示すことができないため、マネジャーやチームリーダーはリーダーシップを発揮することができないでいるのです。

まずは、現場のリーダーの声に耳を傾けてみましょう。

ある夜、東京駅近くの丸ビルの中にある、とある居酒屋ののれんをくぐったとしましょう。店内はサラリーマン風の人たちでにぎわっています。

空いた席につき、自分も一杯やりながら、周囲の会話に耳を傾けていると、こんな声が聞こえてきました。

悩み①

「自分はチームリーダーとして、与えられた仕事を頑張ってこなしている。上司も自分の仕事ぶりを一応ほめてくれてはいる。でも会社は認めてくれないんだよなあ」

悩み②

「最近、自分のやっていることの意味がよくわからない。なんだか無駄な仕事ばっかり背負わされているような気がする。同期のなかには、もっといい仕事を振ってもらって、バリバリ働いて高い評価を受けているチームリーダーもいる。どうも不公平だ」

悩み③

「会社の方針はわかっているし、上司の指示にも納得している。だけど、チーム内の部下たちの動きが鈍い。やる気もいまひとつ見えてこない」

悩み④

「仕事にはチーム同士の連携が欠かせない。そのことは自分も含め各チームのリーダーはわかっているはずだ。なのに、他のチームの人間は肝心なところで助けてくれない。それどころか、足を引っ張ろうとする。いったいどうしてなんだろう」

これらは、企業の中間管理職、課長クラスやチームリーダークラスの人たちがよく口にする悩みです。

どれも深刻な問題をはらんでいるため、お酒を飲んでうさを晴らせば解消できるといったものではありません。

なぜならこれらの悩みは、そのチームリーダーが属している組織が、本質的な問題を抱えていることを表しているからです。

試しに４つの悩みを整理し直してみましょう。

それぞれ言葉を換えて要約すると、以下のようにまとめることができます。

①会社が自分を評価してくれない
②上司が自分に無意味な仕事ばかり押しつける
③部下が自分の指示どおりに動いてくれない
④他チームの人間が自分たちに協力してくれない

あらためて一つひとつを見ていきます。

①会社が自分を評価してくれない

まずこの状態は、会社がめざしている方向性と、チームリーダーに与えられている仕事の内容が一致していないときに生じます。

だから、チームリーダーは一生懸命にチームを引っ張ろうとしているのに、その頑張りを会社から認めてもらえないのです。

しかも、まずいことに、このチームリーダーの上司もそのことに気づいていません。部下であるチームリーダーの仕事ぶりを口先でほめているだけで、その頑張りが空回りになっている状態をほったらかしにしているのです。

②上司が自分に無意味な仕事ばかり押しつける

次にこの状態は、上司とチームリーダーの間で、仕事の中身についてのすり合わせができていない場合に起こります。

おそらく上司は、大事だと思う仕事を振っているのでしょうが、チームリーダーは、無意味な雑用ばかりを回されているような気持ちになって、フラストレーションをため込んでいるのです。

そのうえ、他のチームを率いる同期はもっといい仕事を振られて成果をあげていると思い込んでいるとなると、このチームリーダーの心境は複雑です。「不公平だ」と思わず声を上げたくなる気持ちもよくわかります。

③部下が自分の指示どおりに動いてくれない

さらにこの状態も、さまざまな組織でよく見かけます。

チームリーダーは会社の方針に納得し、上司の指示もよく理解し、チームで結束して事にあたろうとしているのですが、肝心の部下たちが仕事に納得していなかったり、仕事に対して疑問をもったりしていて、チームリーダーの期待に応えていないということです。

このままでは、チームは成果を出すことができず、リーダーは責任を問われかねません。

④他チームの人間が自分たちに協力してくれない

そしてこの状態は、組織が縦割りになっていて、各チームのリーダーが、それぞれ自分の役割だけにとらわれていることを意味しています。

チーム間の意思の疎通が悪く、チームリーダー同士がおたがいの仕事の内容を理解し合っていないのです。

だから、ときには他のチームを妨害してでも、自分の仕事を優先してしまうといったことが起こるわけです。

問題はビジョンとミッションの欠如

では、これまで説明してきた次のような問題を内包する組織は、どうしたら改善できるのでしょうか。

①会社が自分を評価してくれない
②上司が自分に無意味な仕事ばかり押しつける

③部下が自分の指示どおりに動いてくれない
④他チームの人間が自分たちに協力してくれない

これらの状態を改善するために、組織全体が実現をめざすものを「ビジョン」、そしてその実現のために各部署が設定するいくつかのステップを「ミッション」と呼んでみます。

ビジョンは全員がめざす最終的なゴールであり、ミッションはそのために越えていくべきハードルです。ミッションを一つひとつクリアしていくことで、最終的にビジョンを実現できるというイメージで捉えてみてください。

まず、会社がビジョンをはっきりと掲げ、その実現のためのミッションが各部署や各個人に正しく割り当てられていれば、「①会社が自分を評価してくれない」というような状態は生じません。各部署や各個人がミッション達成に向けて行う努力を会社は必ず評価するはずです。

また、上司と部下がそれぞれのミッションについてきちんとすり合わせをして、部下のミッション達成が上司のミッション達成につながり、上司のミッション達成のためには部下のミッション達成が不可欠というふうにミッションがうまく連動していれば、「②上司が自分に無意味な仕事ばかり押しつける」「③部下が自分の指示どおりに動いてくれない」という状態にはなりません。

上司は自分のミッションを達成するために、部下のミッションに責任をもつでしょうし、ミッションが始動してからは、部下の努力を支援するでしょう。

部下も、自分のミッションを達成することが上司のミッション達成につながり、ひいては会社のビジョンを実現することにつながっていくのだと理解できますから、納得して自分のミッションに取り組むでしょう。

そして、各チームがおたがいにそれぞれのミッションを理解し合い、すべてのチームがミッションを達成することが、会社全体のビジョンを実現することにつながるのだ、という意識を共有できていれば、「④他チームの人間が自分たちに協力してくれない」という状態は起こりえません。

各チームは自分たちのミッション達成に向けて邁進《まいしん》する一方で、他のチームが困難な状況にあるときは、支援を惜しまないでしょう。

なぜなら、自分たちのチームだけがミッションを達成しても、他のチームがミッションを達成できなければ意味がないことを全員が理解できるからです。

このように見ていくと、チームリーダーが①から④のようにぼやいている組織は、いずれもビジョンとミッションにかかわる問題を抱えていると理解できます。

「組織がビジョンを掲げていない」「上司と部下のミッションが連動していない」「各チームがおたがいのミッションを理解していない」、そういう状態がチームリーダーを苦しめているのです。

軍隊にビジョンとミッションが必要な理由

一方、軍隊ではなぜビジョンとミッションが必要なのか。

現代の先進国の軍隊では、「紛争地に平和をもたらす」「民主主義国家を建設する」といった「ビジョン」なしに、部隊を動かすことは不可能だといいます。高い教育を受けた軍人を納得させ、彼らの家族、国民、国際社会の支持を得るためには、よいビジョンが不可欠なのです。

たとえば一般の人が、戦場で頭上を弾が飛び交う塹壕《ざんごう》から飛び出して戦うことは不可能だといいます。軍人は訓練を受けているからそれができるのですが、彼らとて戦場の恐怖のもとでは尋常ではない勇気を求められます。

では、なぜそうした状況で戦うことができるのか。

実戦を経験した軍人は、口をそろえて2つの理由をあげます。

1つは、明確なミッションがあるからです。

何のために飛び出すのかわからなければ、誰一人として命を賭けて飛び出したりできないといいます。さらに、そのミッションに納得していなければ飛び出す勇気は出てきません。戦場は死の恐怖に支配された狂気の世界であるからこそ、瞬間瞬間で自分がやるべきことが明確でなければならないのです。

自分のやるべきこと（ミッション）が不明確だと、兵士といえども恐怖に押しつぶされ、その場で固まってしまうといいます。

もう1つは、ともに飛び出す上官と仲間がいるからです。

いくら明確なミッションがあっても、命を捨てて飛び出すためには桁外れの勇気が求められます。自分と同時に、あるいは半歩先に飛び出す上官と仲間がいるからこそ、決断して飛び出すことができるのだといいます。

戦場では、指揮をとる将校が真っ先に飛び出さなければならないのですが、それゆえに古今東西、どの軍隊においても最前線の小隊の指揮官である少尉クラスの死傷率が一番高いといわれています。

社員はなぜ、やる気を出せないでいるのか？

上司に振り回されているチームリーダーの問題

前節ではビジョンとミッションの問題についてふれました。続いては日本企業に欠如しているとしばしば指摘されるリーダーシップについて考えていきます。

引き続き、チームリーダーたちの居酒屋トークにもう少し耳を傾けてみましょう。

今度はこんな悩みが聞こえてきます。

悩み⑤

「うちの上司はいつも『目標を達成するぞ！』と言っているけど、何のために目標を達成するのかがわからない。話を聞いていても、ぜんぜんワクワクしない」

悩み⑥

「うちの上司はとにかく話が長い。一応つき合ってはいるけれど、結局、何が言いたいのかよくわからない。仕方がないから、こっちは自分で考えて仕事を進めているが、そうすると、後から『違う、何をやっているんだ』と言われてしまう」

悩み⑦

「うちの上司は仕事を任せてくれない。何をすべきかだけでなく、そのやり方にまであれこれ口を出してくる。もううんざりだ」

悩み⑧

「うちの上司と一緒に仕事をしていても、頑張るぞという気持ちがわいてこない。いざというときは、逃げてしまうか、あたふたしているだけで、その様子を見ていると、逆にやる気が萎えてしまう」

これら4つは、上司の言動にまつわるチームリーダーの悩みです。
先の例にならって、言葉を換えて整理すると、以下のようになります。

⑤上司が夢を語らない
⑥上司が簡潔な言葉で話さない
⑦上司が部下に自由を与えない
⑧上司が部下の士気を高めない

ここでも、あらためて一つひとつを見ていきます。

⑤上司が夢を語らない

まずこの組織では、そこに属している人たちは、組織がめざす将来像を見ることができません。そうすると、部下は日々の仕事に追われるばかりで、自分の仕事に意味を見出しづらくなります。

単に目標を達成しろといわれても、その目標の先に何があるのかわからないため、心が奮い立つことはありません。

⑥上司が簡潔な言葉で話さない

次にこの組織では、上司の指示がしばしば組織を混乱させます。

上司が長々としゃべってしまうと、その指示は「あれも大事、これも大事」といったどっちつかずの内容になりやすく、部下は、自分なりに上司の指示を解釈して実行に移したり、自分で上司の指示に優先順位をつけて実行に移したりするしかなくなります。

にもかかわらず、後で上司から「違う」としかられてしまったのでは、たまったものではありません。

⑦上司が部下に自由を与えない

さらにこの組織では、部下は自分の頭で考えることができません。

現場のことは自分が一番よくわかっていると思っていても、自分で判断することは許されず、そのうえ、上司から仕事の進め方についても細々と指示されるのです。

これでは、迅速で正しい動きがとれなくなるおそれがありますし、現場のモチベーションは下がります。

⑧上司が部下の士気を高めない

そしてこの組織は、ピンチのときに踏ん張りがききません。

急な環境の悪化によって目標を達成できなくなりそうなとき、予期せぬ事態に巻き込まれたとき、長期にわたって業績が低迷しているとき、そういうピンチのときこそ、上司は部下たちを鼓舞し、組織の活力を引き出さなくてはならないのに、そうなっていないのです。

こういった組織は、危機に直面すると非常に弱くなります。

これら⑤～⑧の悩みは、チームリーダーから上司への不満を表しています。

ただし、組織をリードする立場の人たちの言動は、よくも悪くも組織内に伝染していくものです。

つまり、上司の言動に不満を抱いているチームリーダー自身も、知らず知らずのうちに、「夢を語らない」「簡潔な言葉で話さない」「部下に自由を与えない」「部下の士気を高めない」という、ないないづくしの言動をしてしまっている可能性があります。

ですから、その点は要注意です。

問題はリーダーシップの欠如

ここまで説明してきた状態は、組織において「リーダーがやってはいけない言動」をあげたものです。

⑤夢を語らない
⑥簡潔な言葉で話さない
⑦部下に自由を与えない
⑧部下の士気を高めない

逆にいうと、「夢を語り」「簡潔な言葉で話し」「部下に自由を与え」「部下の士気を高める」といったことこそ、リーダーに求められている言動、すなわちリーダーシップにほかなりません。

●夢を語る

リーダーが夢を語るのは、ビジョンを組織内に浸透させるためです。ビジョンが達成されたあかつきにはどんなことが起こるのか、自分たちはなぜそのビジョンを掲げ、その実現に向けて頑張るのかといったことを、リーダーは夢のある言葉で語らなければなりません。

そして、自らがそのビジョンにコミットする強い姿勢を示すことで、ビジョンは組織のメンバーたちに共有され、メンバー全員の夢となります。

●簡潔な言葉で話す

リーダーが簡潔な言葉で話すのは、組織が置かれている状況を正確に捉え、ミッション達成に向けてのメンバーの行動を明確にするためです。

曖昧で冗長な言葉は、部下の思考や行動を混乱させるだけです。

リーダーは常に簡潔な言葉を発し、メンバーに自分たちのとるべき行動をはっきりと意識させなくてはなりません。

●部下に自由を与える

リーダーが部下に自由を与えれば、メンバーは自分の頭で考え、状況に応じて適切な対応をとることができます。

ミッションを設定するときに、それぞれが「何をすべきか」「なぜすべきか」を決め、その内容について組織内で合意できていれば、「どうすべきか」は現場の判断に任せたほうがいいのです。

自由はメンバーの自発性を生み出し、現場のモチベーションを高めます。

●部下の士気を高める

そして、リーダーは、組織がピンチに追い込まれたとき、部下の士気を高めることによって、ミッションの達成、ビジョンの実現に向けた力を引き出します。

メンバーがミッションを達成したときはともに祝い、組織が窮地に陥ったときは力のある言葉で部下を奮起させるのです。

そうすることで、ビジョンの実現に向けてもう一度立ち上がろうという気持ちを、組織内に呼び起こせるのです。

このように、リーダーシップは、組織がビジョンの実現に向けてミッションを達成していくうえでの原動力となります。

リーダーシップがないと戦場では生き残れない

一方、軍隊ではリーダーシップはどのように捉えられているのでしょうか。

一説では、ベトナム戦争中の米軍指揮官（小隊長クラスの将校）で戦死した人の約2割が、後ろから味方の部下に撃たれたといわれています。

部下が指揮官を撃った理由は、その指揮官が憎いからではなく、その指揮官の下にいては死んでしまう（部隊が壊滅してしまう）と思ったからだといわれています。

ちなみに、「下にいては死んでしまう」というのは、「的確な指示を出せない」「決断ができない」「上層部に現状を理解させることができない」といった指揮官だそうです。それに対してどんなに厳しくても、その人がいないと部隊が壊滅してしまうという指揮官は、決して後ろから撃たれたりはしません。

軍隊の常識として、小隊長クラスの指揮官は部隊の先頭に立って戦闘を指揮することを期待されているため、小隊長は命がけです。部下から命を預けてもいいと信頼される指揮官でないと、敵だけでなく味方にも狙われてしまうのです。

では、なぜベトナム戦争でそのような事例が頻発したのかというと、小隊長クラスの指揮官が、第2章で詳述する「コマンド・アンド・コントロール」という組織運営手法に従って、上層部からの命令を正確に伝達・実行することだけを心がけていたからだといいます。

しかし、それではベトナム戦争のような予測不能で常に変化するゲリラ戦に対応できなかったのです。

ですからその後、第2章で詳しく説明する、権限委譲に立脚した「ミッションコマンド」が確立されたのです。

このマネジメント手法は、指揮官が「ビジョンの実現に向けて自らの部隊のミッションを明確にする」とともに、ミッションを遂行するために「状況に対応してリーダーシップを発揮できる」ものです。

軍隊と同じようにビジネスでも、「ビジョン」「ミッション」「リーダーシップ」の三要素が、組織運営のカギを握っているのです。

第1章のまとめ

SUMMARY

社員がバラバラでまとまらないという状態は、その組織にビジョンとミッションがうまく設定されておらず、リーダーが適切な行動をとっていないときに生じる。ビジョン、ミッション、リーダーシップは、組織運営のカギとなる概念である。

第2章
あなたの会社を劇的に変える権限委譲型の軍隊式マネジメント

「ミッションリーダーシップの概要」

MISSION LEADERSHIP

なぜ、現代の軍隊式マネジメントは権限委譲型なのか？

ビジョンとミッションとリーダーシップで動く軍隊

夢のあるビジョンが掲げられ、その実現のためのステップがミッションとして明確に設定されており、リーダーが、ビジョンの浸透・共有とミッションの達成のために適切なリーダーシップを発揮している——。

そのような組織の状態が理想的だというと、おそらく多くの人がうなずいてくれるのではないかと思います。しかし、なかには「本当にそんな理想的な組織が存在するのだろうか？」と疑問を感じる人もいることでしょう。

ですが、そうした組織は実在しています。

これまで再三指摘してきたように、軍隊がそうです。

一般的にいって軍隊には、「トップダウン」「縦割り構造」などのイメージがあります。上官の命令に絶対服従で、兵士たちは一糸乱れぬ集団行動をとる。そういったイメージもあります。

ですから、「軍隊組織は、ビジョンとミッションとリーダーシップに基づいて運営されている」といっても、にわかに信じがたいと感じる人がいてもおかしくはありません。ですが、現代の先進国の軍隊は、実際にそのような哲学のもとで運営されているのです。

では、なぜ現代の軍隊はそうした哲学のもとで体系化されてきたのか。

軍隊組織において、「ビジョンとミッションとリーダーシップによる組織運営」がなされるようになったのは、現代に入り戦争が２つの意味で変化したからです。

戦争の変化に対応した軍隊のマネジメント手法

第二次世界大戦以降、先進国同士の戦争は1つもありません。それに代わって、現在世界中で起こっているのは対ゲリラ戦や対テロリスト戦です。

そして、ゲリラ戦やテロリスト戦に対応するために、戦争は大きく変わりました。

●不確実な敵への対応

ベトナム戦争（1975年終結）の前ぐらいまで、戦争は、一部の例外を除いて、国と国の正規軍同士が総力をあげてぶつかり合う戦いでした。

このような正規戦では、あらかじめ綿密で壮大な作戦が立てられ、実際の戦闘は、大きな単位の軍隊組織が作戦を着実に遂行する形をとりました。

前線の将兵にとって、敵は目の前に陣地を構えている一定の戦闘集団であり、自軍が敵軍よりも兵力や作戦とその遂行力でまされば勝利、そうでなければ敗北という結果に終わりました。

ところが、ベトナム戦争を境に、戦争はその姿を変えました。

国家間の正規軍同士の戦いから、対ゲリラ戦や対テロリスト戦に変わったのです。対ゲリラ戦や対テロリスト戦では、事前に立てた作戦を大きな組織が遂行するといった戦い方は通用しません。ゲリラやテロリストは目の前に陣地を構えているとは限らず、急に現れたり消えたりする「不確実な敵」だからです。

戦闘の勝敗も、作戦や兵の数や兵器の力の差によって決まるという単純なものではなくなりました。

●不確実な味方への対応

もう1つの変化は、多国籍軍による軍事行動が増えたことです。

多国籍軍は、湾岸戦争（1991年）、ボスニア・ヘルツェゴビナ紛争（92～95年）やコソボ紛争（99年）、アフガニスタン戦争（2001年～）、イラク戦争（03～10年）などにおいて編成されました。最近の例では、11年にリビアで反体制派がカダフィ政権を倒したときに、北大西洋条約機構（NATO）軍が介入しました。

多国籍軍は、各国の軍隊が集まってモザイクのように構成されています。参加の仕方や程度も国によって違います。日本の自衛隊がイラクに派遣されたときのように、非戦闘地域における人道復興支援活動といった参加の形もあります。したがって、多国籍軍は「不確実な味方」を抱えた組織だといえます。

だからといって、各国の部隊がバラバラに行動していればいいかというと、そういうわけにはいきません。参加国の各部隊は、到着と同時に戦闘に巻き込まれます。ですから、多国籍軍という1つのチームの一員として、1つの目標に向かって進められるオペレーションにおいて、それぞれの役割を担わなくてはならないのです。

このように、現代の先進国の軍隊は、ゲリラやテロリストという「不確実な敵」といかに戦うか、多国籍軍という「不確実な味方」を抱えた組織をいかにしてうまく機能させるか、という2つの問題に直面しています。

そして、これら2つの問題を解決するために組織運営の仕方や考え方を見直した結果、「ビジョンとミッションとリーダーシップによる組織運営」という答えが導き出されたのです。

権限委譲型のマネジメント手法はいかに確立されたのか？

中央集権型から分散処理型への改革

「ビジョンとミッションとリーダーシップによる組織運営」という考え方が生まれるにいたるまでの議論や研究は、１９８０年代に主として英国軍と米国軍によって行われました。その際、彼らが参考にしたのは、19世紀にプロシア（プロイセン）軍によって編み出された組織運営の手法です。

１８０６年、プロシア軍はイエナの戦いで、ナポレオン率いるフランス軍に完敗を喫しました。その後、プロシア全土はフランスに制圧され、首都ベルリンも占領されました。このナポレオン戦争が終わった後、プロシアは敗因を分析しました。

そして、プロシア軍は司令本部が出す命令を確実に遂行する能力には長けていたものの、刻々と変化する予測不能な状況にはうまく対応できなかった、という結論を導き出します。それ以降、プロシア軍では組織の見直しが進められ、過去の組織運営手法にとらわれない人材を登用するために、年長の司令官の更迭、士官の採用の拡大、実績に基づく昇進人事の導入といった改革が実行されました。

また、この時期のプロシア軍では、将兵が守るべき新たな行動規範を確立しました。それは、上官は細かい命令を下すのではなく、広い視野をもった指示を明瞭でわかりやすい言葉を使って与えること、下士官は「何をどのようにやるか」という命令に基づく行動ではなく、「何をなぜやるのか」というミッションに基づく行動をとり、あらかじめ決められた制約の範囲内でなら、自らの判断で自由に行動できる――といったものでした。

こうした改革によって、プロシア軍は柔軟な組織に生まれ変わり、未知なる戦況にもすばやく対処できるようになったといわれています。

けれども、このプロシア流の組織運営の手法（ドイツ語で「アウフトラグスタクティック」といいます）は、プロシア軍の強さの源となったものの、他の軍隊で採用されることは少なく、また詳しく研究されることもありませんでした。

実際、20世紀において、各国の軍隊で主流を占めていた組織運営のやり方は、コマンド・アンド・コントロール（命令と管理）という、「中央集権型」の発想に立ったものでした。

しかし、それだと先に述べた「不確実な敵（ゲリラやテロリスト）」と「不確実な味方（多国籍軍）」という2つの問題に対応できないことが、はっきりしたのです。

そうして、「分散処理型」の軍隊のあり方が模索されるようになり、かつてのプロシア流の組織運営手法が、英米軍によって研究されるようになったのです。

権限委譲型の軍隊式マネジメント「ミッションコマンド」

英米軍によるそうした研究はやがて１つの理論に体系化され、１９９０年代にＮＡ

TO軍の公式理論となりました。
それが「ミッションコマンド」です。

ミッションコマンドは、複雑に構成された大部隊が、「不確実な敵」がいる混沌とした戦場で、敏速に、団結力を失うことなく、的確に行動できるようにすることを目的として考え出されました。

また、NATO軍で採用されていることからもわかるように、「不確実な味方」を抱える多国籍軍の軍事行動に合うように構築された理論でもあります。

ミッションコマンドによって運営されている軍隊組織では、上層部で採択された作戦を、下部組織の隅々にまで行きわたらせて実際の行動につなげるとともに、下位リーダーたちの行動を制限・管理するのではなく、方向性を与えて、その能力を引き出します。

ミッションコマンドは、選び抜かれた秀才だけでなく、ごく平均的な人のパフォーマンスを向上させることにも役立っています。

組織全体が目標を達成するために、個人はどんな貢献ができるかということを一人ひとりの将兵に認識させ、そのやる気を最大限に引き出すことができるからです。

実は、こうしたミッションコマンドと似たような組織運営の手法・哲学は、プロシア軍に限らず、歴史上のいくつかの軍隊で用いられていたことも、研究によってわかっています。

代表的なのは古代ローマ帝国の軍隊ですし、それ以外にも個別のケースにおいて同様の動き方をしていた軍隊組織が存在します。

たとえば、私の知り合いの外国人将校は、「日本の戦国時代の忍者集団は、ミッションコマンドと同じ考え方に基づいて行動していたはずだ」と指摘します。

忍者は一人ひとりが明確なミッションを担い、しかし現場では状況に即した自由な行動を許されて、諜報活動や破壊活動に当たっていました。

そうした動きはまさにミッションコマンドの発想に通じるというのです。

軍隊式マネジメントをビジネスに応用した「ミッションリーダーシップ」

ミッションコマンドの体系化にあたり、NATO軍で中心的な役割を担った軍隊組織の1つが、英国海兵隊（Royal Marines）です。

英国海兵隊は、英国海軍の管理下に置かれる水陸両用作戦に主眼を置いた白兵戦部隊です。

その設立は古く、1664年に海上勤務を命じられた兵士500名により編成された海上歩兵連隊を起源とします。現在も残る欧州の海兵隊としては四番めに古く、国王ジョージ3世によって現在の名称に改められました。

近年では、IRA（アイルランド共和軍）などの反政府組織や麻薬組織と長年対峙し、さらにイラク戦争にも派遣された英国海軍の精鋭部隊です。

その英国海兵隊を、ビジネス界に転身するために39歳の若さで退役したダミアン・

マッキニーは、ミッションコマンドをビジネスの世界に応用できるように再構築しました。それがミッションリーダーシップ（ミッションに基づくリーダーシップ）で、先ほどから説明してきた「ビジョンとミッションとリーダーシップによる組織運営」の企業版であり、ビジネス版といえます。

１９９９年、ダミアンたちはコンサルタント会社マッキニーロジャーズを設立し、以来、この軍隊式の組織運営手法・哲学を世界の企業に広めてきました。

軍隊式のマネジメント手法をビジネスに応用するというと、戸惑う人がいるかもしれません。しかし、もともとビジネスの世界では、これまでも軍隊を参考にした組織づくりをしてきました。

ピラミッド型組織はまさに軍隊のコピーですし、「戦略」「戦術」「ロジスティクス」といった軍隊用語も、ビジネスの世界でよく使われます。

私たちビジネスパーソンは、しばしばビジネスを戦争になぞらえてきたのであり、軍隊から学んできたのです。

なぜ、日本企業にミッション リーダーシップが必要なのか？

共有されていない日本企業のビジョンやミッション

ビジョン、ミッション、リーダーシップ。

企業にはこの三要素が欠かせないというと、「そんなことは当たり前だ」と感じる人もいるかもしれません。

たしかに当たり前です。

「企業にビジョンなんかなくていい」と思っている経営者は、あまり見かけません。

「ミッションなんてほしくない」と思っているとしたら、その人は会社をやめたほうがいいかもしれません。

「リーダーシップをとるのはちょっと苦手」と思っている人はいるでしょうが、リーダーシップの必要性そのものを否定する人はまずいないはずです。

ですから、ミッションリーダーシップは、当たり前の組織運営のあり方であって、特に目新しい手法・哲学ではないともいえます。

ただ、現実には、本当に人々がワクワクするようなビジョンを掲げていて、それを実現するための明確なミッションが設定されていて、経営者から社員までがリーダーシップをもって行動できている会社は、それほど多くないはずです。

当たり前のことを当たり前にやるのは、案外難しいものなのです。

私は、コンサルタントとしてはじめて参加するクライアント企業の役員会では、出席者の役員に対して「御社のビジョンを手元の用紙に書き出してみてください」とお願いしています。

しかし、出席する役員全員が同じビジョンを書けるかというと、まず書けません。

それはなぜか。たいていの企業では明確なビジョンが掲げられていないか、掲げられてはいても、役員の間で共有されていないからです。

次に、私は社長に「今年のあなたのミッションを用紙に書いてください」といい、同時にその部下である役員全員に「社長の今年のミッションを書いてください」とお願いします。

しかし、社長が自分で書いたミッションと、部下である役員が考えている社長のミッションがすべて一致したことは、今までに一度もありません。

社長と役員の状況がこのようなものであれば、一般社員におけるビジョン、ミッションの理解度、浸透度はもっと低いはずです。企業活動におけるビジョンやミッションの共有は、それぐらい曖昧になっているのです。

さらに、リーダーシップの不足や欠如という問題にいたっては、日本では企業においても、あるいは政治の世界においても、さんざんいわれ続けていることです。

しかし、どんな言動がリーダーに求められるのかということを、自社できちんと整理したうえで、社員に求めている企業がどのくらいあるでしょうか。

おそらく、それほど多くはないはずです。

ミッションが明確であれば人はパニックにはならない

では、なぜそれですんできたのでしょうか。

答えは１つ。死なないからです。

軍隊がビジョンとミッションとリーダーシップに基づいて運営されているのは、軍隊が死と隣り合わせの組織だからです。


そのことをミッションを例にとって、説明しましょう。

私の同僚に、イラク戦争に指揮官として従軍した経験のあるリチャード・ワッツという元英国海兵隊将校がいます。

そのリチャードと、「恐怖」について語り合ったことがありました。

彼の話では、戦場で「死ぬかもしれない」という状況と、「何をすればいいのかわからない」という状況が重なったとき、兵士は恐怖を感じるそうです。

そして、恐怖を感じた兵士は、パニックを起こすといいます。

パニックを起こすと兵士はどうなるのか、みなさんご存じですか?

戦場でパニックを起こした兵士は動けなくなると、リチャードはいいます。

その場から逃げ出したり、あわてたりするのではなく、動作が異常に緩慢になったり、まったく動けない状態になるのです。

その結果、作戦行動がとれなくなり、本当にやられてしまうのです。

それなら、兵士が戦場で生き残るためには、どうすればいいのか。

パニックを起こさないように、上官は部下に明確なミッションを与えるのです。

すると、「何をすればいいのかわからない状況」ではなくなるため、兵士は恐怖をコントロールでき、パニックを起こさなくなります。

だから、兵士は戦場で迅速な行動がとれ、生き残ることができるのだと、リチャードはいいます。

人は「死ぬかもしれない」というような極限状況に置かれても、何をすべきかが明確にされている限り、パニックには陥らないというのです。

明確なミッションがあると死なない

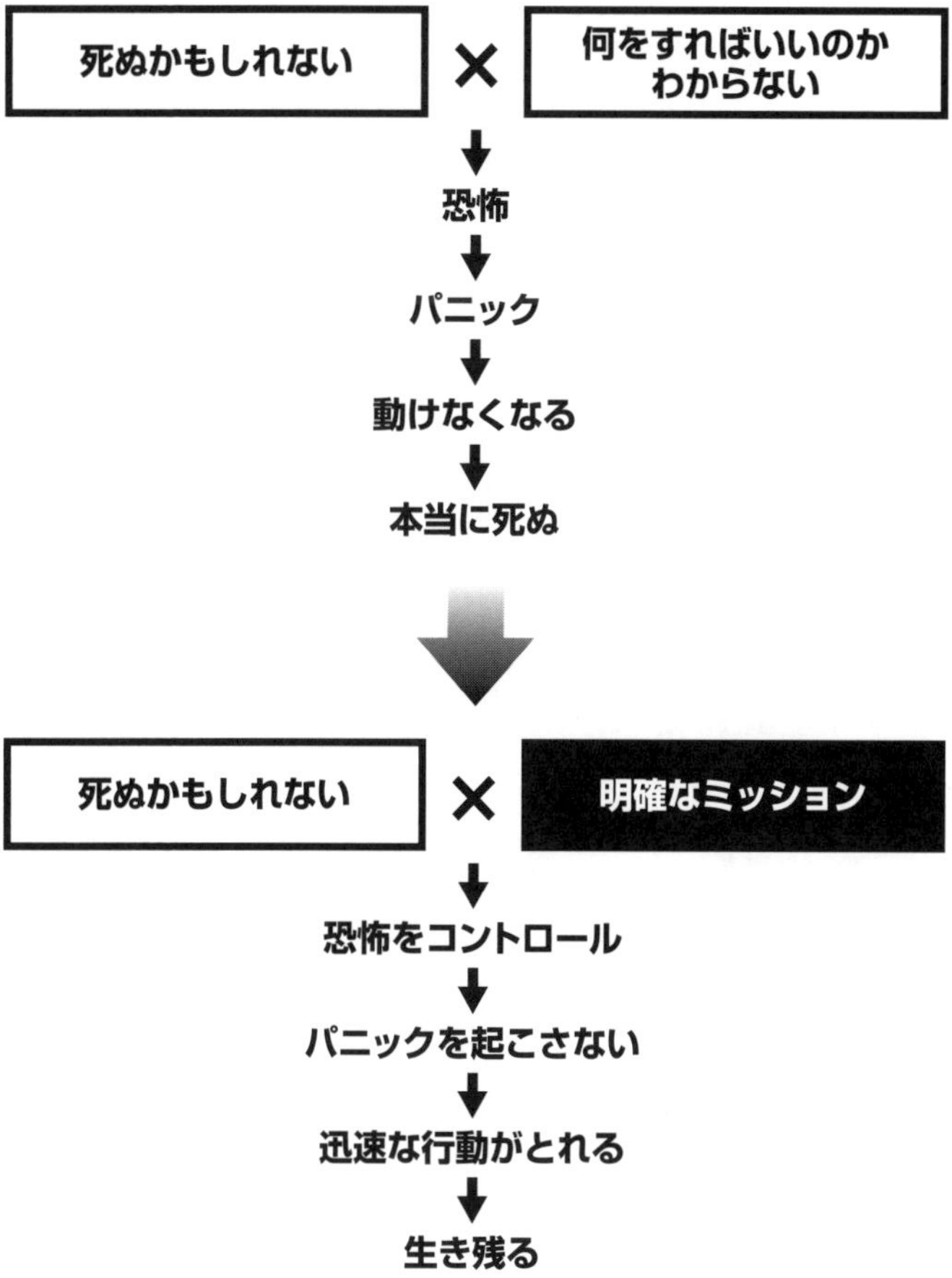

精神論でやっていけた時代の終わり

このことを、ビジネスに置き換えて考えてみましょう。

多くの人は、会社で働いていて「死ぬかもしれない」と感じるなどということは、ほとんどないと思います。

しかし、ビジネスの世界でも、死につながりかねない状況は起こりえます。

「会社がつぶれるかもしれない」「自分はクビになるかもしれない」といった状況です。

そういうときに、「何をすればいいのかわからない」という状況が重なると、ビジネスパーソンは恐怖を感じ、パニックを起こし、動けなくなります。

つまり、危機的状況において、ミッションを明確にできない企業や人はパニックを起こし、それによって本当に最悪の状況を引き起こしてしまう可能性が高いわけです。

ただ、かつてのビジネスの世界では、死を意識しなくてはならないような状況は、あまりありませんでした。

日本の場合、高度経済成長期からバブル崩壊の前ぐらいまでは、いったん会社に就職したらその人の人生はまず安泰でしたし、滅私奉公の心がけで働いていれば、無事に定年を迎えられ、老後の安心が得られるはずだと多くの人が思っていました。

そういう時代においては、企業はビジョンを掲げなくても、愛社精神だけでまとまっていたのかもしれません。また、ミッションを明確に設定しなくても、社員のモーレツな頑張りだけで売上げを伸ばしていたのかもしれません。

あるいは、リーダーシップなど求めず、よくいえば「和の精神」、悪くいえば「なあなあ」でやっていくほうが、結果につながっていたのかもしれません。

社員は不満を感じることがあっても、同僚とお酒を飲みに行き、第1章の冒頭であげたような悩みを口にしていれば、翌日からはまた気持ちを切り換えて働けたのかもしれません。

けれども、そういう時代は終わりました。

求められる不確実性への対応

今、企業を取り巻く環境は複雑になり、混沌としています。

どんな企業も、リソースに制約があるなかで結果を出さなくては生き残れません。

しかも、人々の価値観が変化し、働くモチベーションも多様化してきているため、企業は、かつてのように「全社一丸」とか、「一致団結」といった精神論だけで社員をまとめることはできなくなりました。

企業合併でそれまで別会社にいた人たちがある日、いきなり机を並べることもありますし、グローバル化の進行によって外国人が会社に入ってくることもあります。


つまり、企業とそこで働くビジネスパーソンは今、「不確実な敵」との戦いを、「不確実な味方」とともに戦わなくてはならないという、現代の軍隊が直面しているのとまったく同じ状況に置かれているのです。

そうしたなか、すべての社員が協力して1つの目標に向かっていくために、軍隊から生まれた新たな哲学と手法を役立てようというのが、ミッションリーダーシップの目的です。

ミッションリーダーシップは社会をよくする哲学

ミッションリーダーシップは、海外ではウォルマート、ゴールドマン・サックス、トムソン・ロイターなどのグローバル企業で採り入れられて効果をあげています。日本でも、ファイザーやグラクソ・スミスクラインなどグローバル企業をはじめ、昭和シェル石油やローソンなど導入する企業が増え続けています。

これらの導入企業はすべて、先行きの不透明な世界を前にして、社員の力を信じ、社員一人ひとりに大きな権限を与えることで、高い目標を達成しようという前向きな会社ばかりです。

ミッションリーダーシップは、我利我欲ばかりを追い求める企業には向きません。なぜなら、企業が社員のやる気を本当に高めようとするならば「よいビジョン」、つまり社会のため、世界のためになるビジョンを掲げる必要があるからです。

「よいビジョン」の実現に向けて、一人ひとりの社員がミッションを遂行し、さらには誰もが自由にリーダーシップを発揮して、連携と協力に満ちた「よい組織」をつくっていく。これがミッションリーダーシップの本質です。

ミッションリーダーシップはその考え方の根本において、「よいこと」を志向する組織でないと受け入れられない哲学なのです。

ミッションリーダーシップの全体像とは？

組織が連動して高い目標を達成する手法

ここで、あらためてミッションリーダーシップの全体像について、説明しておきましょう。ミッションリーダーシップは、ビジョンとミッションという「プロセス」と、リーダーに求められる「行動規範」であるリーダーシップから構成されます。

まず、ビジョンです。

前章でも述べましたが、あらゆる組織にはビジョンが欠かせません。

ビジョンとは、組織のメンバーが力を合わせて実現をめざす、夢のあるゴールです。

ミッションは、ビジョンを実現するために必要なステップです。

ミッションを一つひとつ達成していくことで、ビジョンは実現できます。


リーダーシップは、リーダーたちが示すべき言動です。

リーダーは夢のあるビジョンの実現に向けて自らコミットする姿勢を示すことで、ビジョンを組織内に浸透させます。

また、メンバーのミッションを明確にし、それを簡潔な言葉で伝えます。

そして、部下に自由を与え、士気を高め、ミッションの達成、ビジョンの実現に向けて、組織をリードします。


つまり、ビジョン、ミッション、リーダーシップは、組織が連動して高い目標を達成するための不可欠な要素なのです。


そもそもビジョンのない組織に、メンバーは夢も将来も感じることはできません。

ビジョンがなければ、メンバーが日々取り組むべきミッションを設定することもできません。

また、たとえすばらしいビジョンがあっても、ミッションが正しく設定されていなければ、ビジョンの実現は望めません。

さらに、リーダーシップが存在していなければ、正しいミッションがあっても達成されません。

そして、ミッションリーダーシップにおいてビジョンを掲げることは、トップに求められる役割なのです。

私たちは、クライアント企業がミッションリーダーシップを導入する際、必ずその会社のトップと会います。それはミッションリーダーシップの導入を全社的な取り組みにしてもらい、トップにしっかりコミットしていただくためです。

ミッションリーダーシップは組織運営の哲学であり手法なので、導入にあたっては、トップに私たちの考え方に賛同していただく必要があるのです。

ミッションリーダーシップの概要図

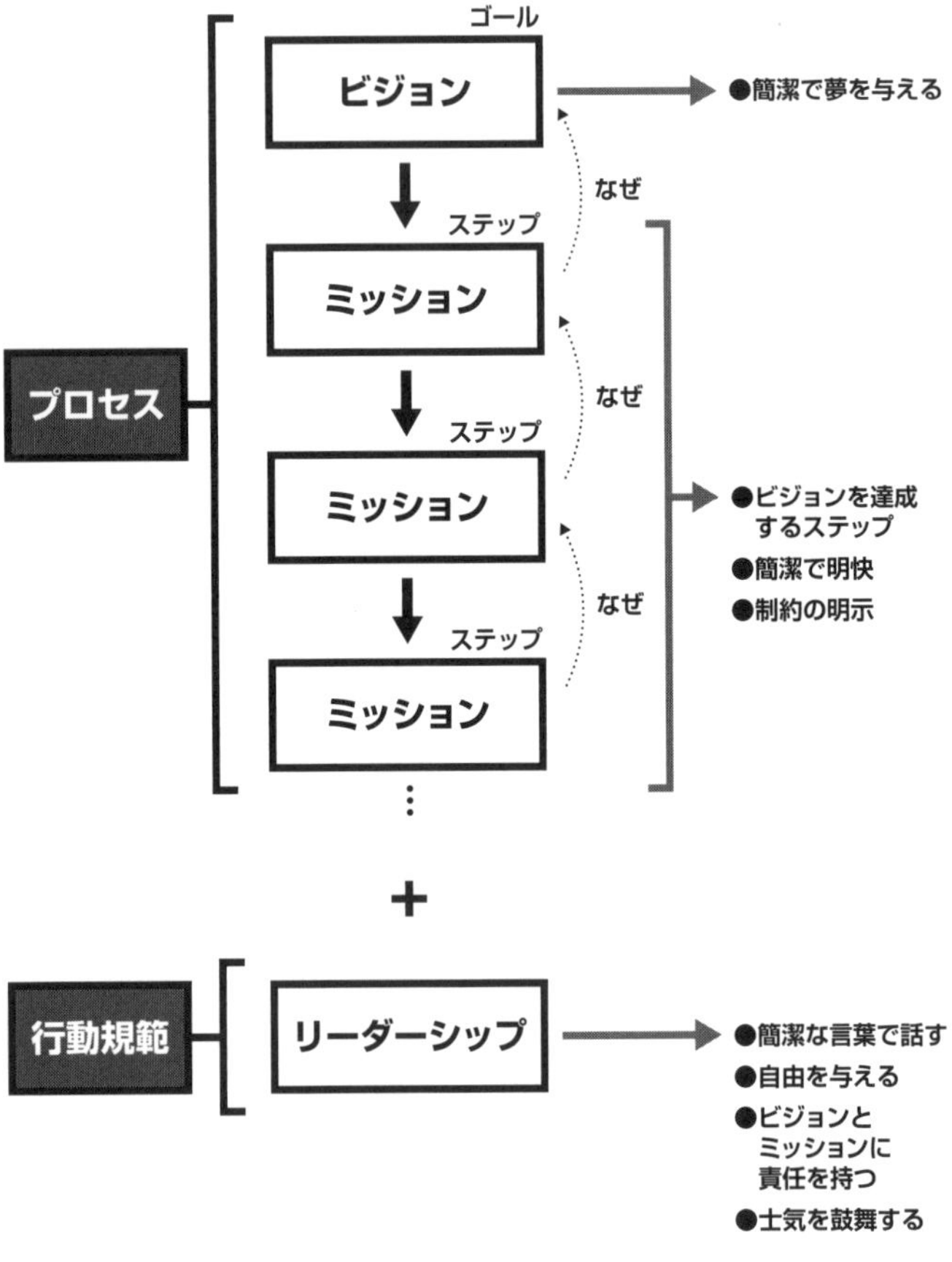

個人や小さなチームでも使える

ミッションリーダーシップの考え方や手法は、プロジェクトチームなどの小さな組織でも機能します。

それに、個人レベルの行動においても十分活用することができます。

個人で活用する場合は、自分の人生のビジョンは何か、その実現のために今年達成すべきミッションは何か、今月中に達成すべきミッションは何か、今日なすべきミッションは何か、というふうにミッションを設定していきます。

そうすることで、行動が明確になり、ビジョンに向かって着実に前進することができるようになるのです。

本書でも、個人や小さなチーム、組織でミッションリーダーシップを活用する場合のやり方を示していきます。

次章では、過去のいくつかの事例を読み解きながら、ミッションリーダーシップの考え方について、はじめての人でもその本質がつかめるようにわかりやすく解説していきます。

第2章のまとめ

SUMMARY

夢のあるビジョン、そしてそれを実現するためのステップであるミッション、さらにミッションを達成してビジョンというゴールに向けて組織をリードするリーダーシップ。これらは、組織が連動して高い目標を達成するために欠かせない要素である。

第3章
ミッションリーダーシップの本質を理解する

「アポロ計画・日露戦争・ハイパーレスキュー隊の事例」

MISSION LEADERSHIP

なぜ、人類初の月面着陸は実現できたのか？──「アポロ計画」

ミッションリーダーシップを3つの事例で読み解く

本章では、実際の事例をミッションリーダーシップの視点を用いながら読み解いていきます。

取り上げるのは、「アポロ計画」「日露戦争」、そして東日本大震災のときに東京電力福島第一原子力発電所で「東京消防庁ハイパーレスキュー隊が行った放水活動」の3つの事例です。

では、さっそくアポロ計画から見ていきましょう。

アポロ計画を成功させたケネディのビジョン

１９６１年５月25日、米国のジョン・Ｆ・ケネディ大統領は演説のなかで、「10年以内に人類初の月面着陸を成功させる」と宣言しました。

この演説が、ＮＡＳＡ（米国航空宇宙局）による月への有人飛行計画、すなわちアポロ計画へとつながっていきます。

このときのケネディ大統領の演説内容は、ミッションリーダーシップで重視されるビジョンの三要素をすべて含んでいます。

１つめは、簡潔で明快なことです。

簡潔で明快な言葉で示されたビジョンは、誰にでも理解できます。理解できれば、実行に移すことができます。

逆に、長く複雑な言葉は人々に理解されません。理解されない言葉が実行されることはないのです。

アポロ計画のビジョン

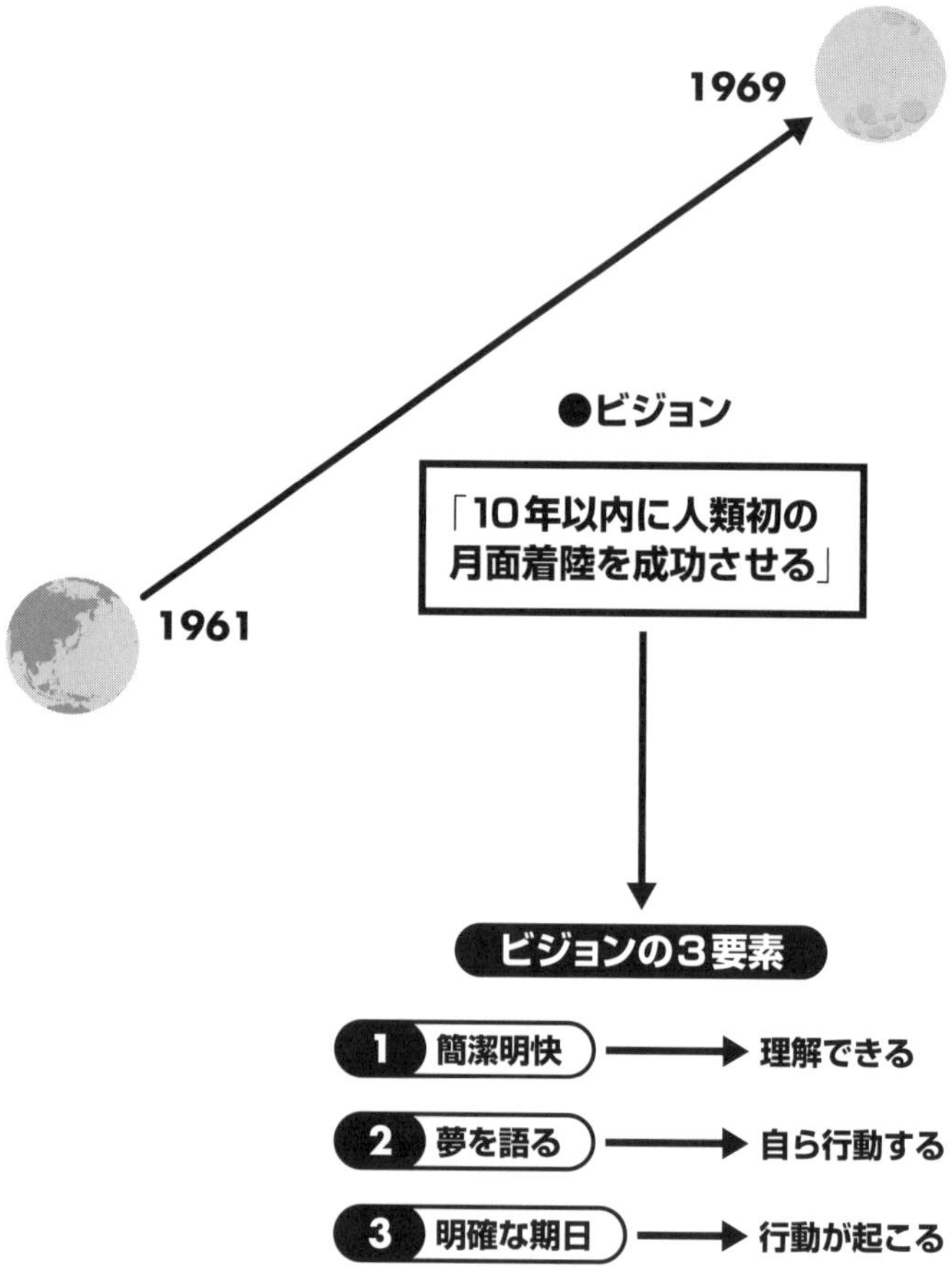
1969
1961
●ビジョン
「10年以内に人類初の
月面着陸を成功させる」
ビジョンの3要素
1 簡潔明快 → 理解できる
2 夢を語る → 自ら行動する
3 明確な期日 → 行動が起こる

２つめは、夢を語っていることです。

夢のあるビジョンは、人々の自発的な行動を喚起します。

逆に、夢のないビジョンは単なるノルマです。ノルマは強制力なしに達成することはできません。強制力で人々の潜在能力を引き出すことはできないのです。


３つめは、実現期日が明示してあることです。

期日は人々を行動に駆り立てます。

逆に、実現までの期日がなく、「いつの日か人類を月に送ろう」とケネディが言っていたらどうだったでしょうか。

ほとんどの人が「孫の時代に月に行けたらいいだろうなぁ」くらいに考えたことでしょう。

実現困難なビジョンだからこそ人々の力を引き出せた

ケネディのビジョンがすぐに米国民に受け入れられたのかというと、決してそうではありません。

当初は、連邦議会が予算がかかりすぎることを理由に猛反対しました。当事者であるＮＡＳＡのなかにさえ、不可能視する意見がありました。

ケネディの演説をテレビで観たＮＡＳＡ高官のなかには、「誰か俺と代わってくれ」と悲鳴を上げた人もいたほどです。

これは当然といえば当然の反応でした。

当時、米国は宇宙開発競争でソ連に大幅な遅れをとっていました。ソ連がボストーク1号によって世界初の有人宇宙飛行に成功したのは１９６1年4月12日、宇宙飛行士として乗り込んだユーリ・ガガーリンの飛行時間は１０８分でした。

これに対し、米国がはじめて有人宇宙飛行に成功したのは、同じ年の5月5日であり、飛行時間はたった15分28秒でした。そのわずか20日後に、ケネディ大統領は「10年以内に月面着陸を成功させる」と明言したのです。

ちなみに、そのころ、ＮＡＳＡが使っていたコンピュータの性能は、現在の iPhone

以下でした。

そんな時代に人類を月に送るというのは夢物語に近いため、現実をよく知り、責任の重さも痛感しているＮＡＳＡの専門家たちがひるむのは無理もありませんでした。

しかし、ケネディは継続的にメッセージを発信し続けることで自らのコミットメントを示し、ビジョンに共感する国民を増やしていきました。

ケネディは翌62年に、以下のような演説をしています。

「我々は月へ行くことを選択する。我々が月へ行くことを選択し、そのために必要なことのすべてを成し遂げるのは、それが簡単なことだからではない。それが困難なことだからだ。それが我々の技術と情熱を証明するからである。それが我々の選んだ試練だからである。それから逃げることを我々は拒否するからである」

この言葉からうかがえるように、ケネディは「困難だからこそ、実現させよう」と呼びかけることで、人々を巻き込んでいきました。

リーダーとしてあえて難易度の高いビジョンを掲げて、米国民の心を揺り動かしたのです。そもそも低い目標に対して、人々が能力を発揮する必要はありません。誰もが実現できるようなビジョンを、わざわざリーダーが打ち出す意味はないのです。

東西冷戦時代における宇宙開発競争には、米ソ両国の威信がかかっていました。ソ連に一歩先を行かれていた米国としては、なんとしてもソ連を追い抜かなくてはならず、ケネディはそのことをよく意識していたから、「困難だからこそ、月へ行く」という夢を描いたのです。

ミッションを設定し、課題を乗り越える

ケネディの演説の後、ＮＡＳＡの高官や技術者たちは腹をくくります。そして、月に人類を送るというビジョンの実現に向けて、３つのミッションを設定します。

第1段階は、すでに１９５９年にはじまっていたマーキュリー計画です。
これは有人宇宙飛行の成功をめざすミッションです。

第2段階は、65年にはじまったジェミニ計画でした。
これには、宇宙船同士のランデブー（接近）や宇宙船同士のドッキング、宇宙遊泳などの課題が盛り込まれました。

そして第3段階が、宇宙船を月に向けて飛ばし、着陸させた後、帰還させるアポロ計画でした。

なお、日本語では通常、「マーキュリー計画」「ジェミニ計画」「アポロ計画」というふうに、「計画」という言葉を用いますが、英語では「Mercury mission」「Gemini mission」「Apollo mission」といいます。

つまり、これら3つは、文字どおりミッションだったわけです。

アポロ計画のミッション

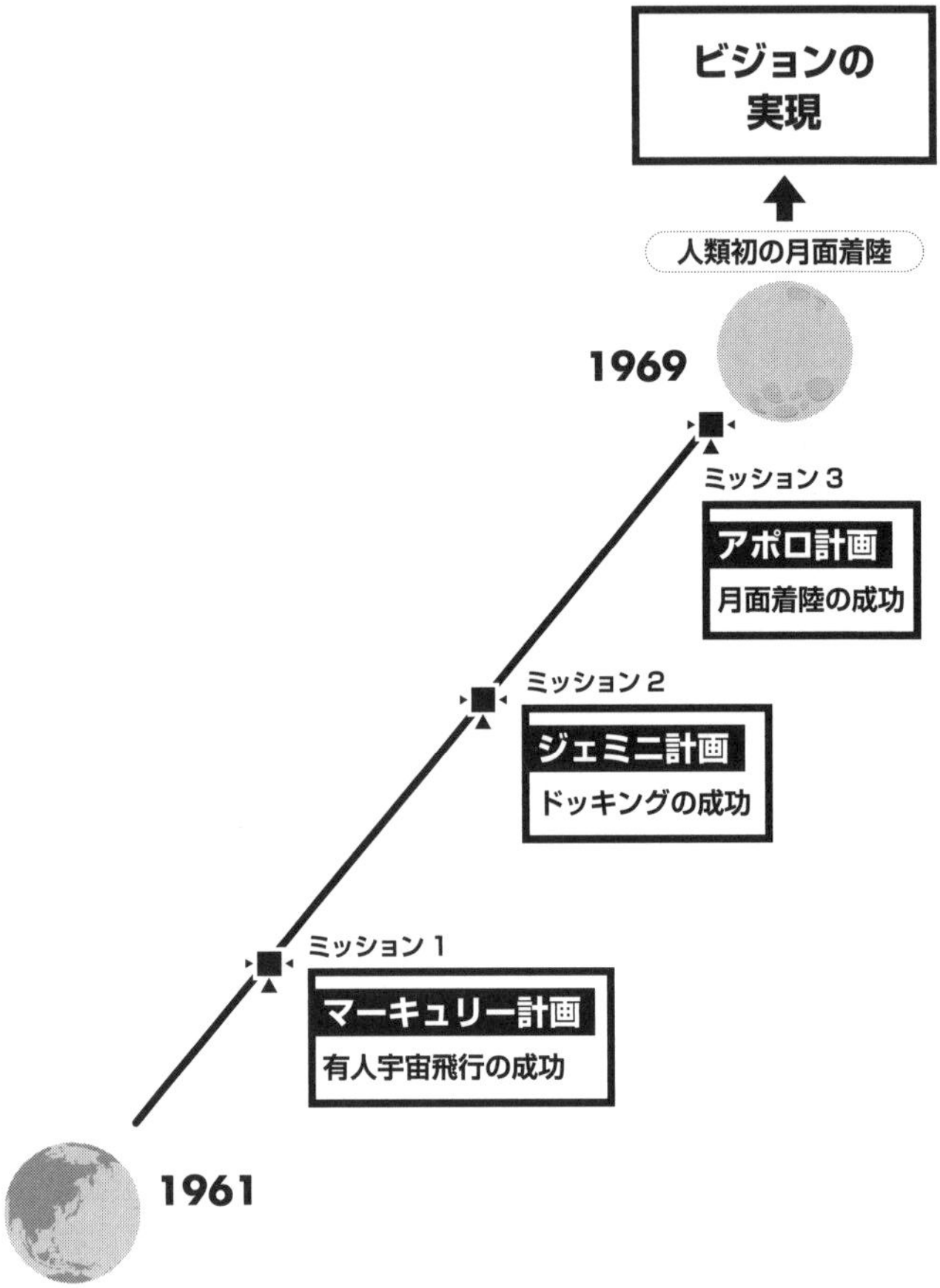

その遂行のために、ＮＡＳＡでは技術的課題を一つひとつ克服し、宇宙飛行士の選抜と訓練を繰り返しながら、月をめざしていきました。

ビジョンを共有し、試練を乗り越える

アポロ計画に携わった人たちの行く手には、多くの試練も待ち構えていました。最大の試練は、ケネディ大統領が暗殺されたことでした。

１９６３年、ケネディはダラスで殺害されました。この時点で、最初にビジョンを掲げたトップはいなくなったのです。

しかし、月へ行くというビジョンを実現するためのミッションが中止されることはありませんでした。

リンドン・ジョンソン副大統領が新大統領に就任してからも、さらには69年1月にリチャード・ニクソンが大統領選に勝利して、民主党から共和党に政権が移って以降も、アポロ計画は続行されました。

1967年に起こったアポロ1号の事故も大きな試練でした。

これはアポロ宇宙船にはじめて人を乗せて飛ばすミッションでしたが、発射前の通信テストをしていたときに火災が発生して、3人の宇宙飛行士が脱出できずに死亡しました。事故後、アポロ計画に再び批判が集まります。

なぜ巨額の予算をつぎ込み、人命を賭してまで月へ行かなくてはならないのかという批判の声が、議会のなかからわき上がりました。

にもかかわらず、アポロ計画が中止されることはありませんでした。

なぜでしょうか。

それはケネディの夢が、米国民の夢になっていたからです。

「人類を月に送る」というビジョンが、米国民の大多数の間に浸透し、共有されていたのです。だからこそ、トップが交代しても、大事故で犠牲者が出ても、このビジョンが取り下げられることはなかったのです。

ケネディ1人の言葉からはじまったビジョンが、米国民全体のビジョンになっていたのです。

すべてのメンバーをやる気にさせたビジョンの力

アポロ計画をめぐっては、ジョンソン大統領がＮＡＳＡを訪問したときのエピソードが長く語り継がれています。

その日、ワシントンＤＣにあるＮＡＳＡのオフィスでは、数日前から続いた嵐の後始末に追われていました。

ジョンソン大統領は廊下を歩いていて、モップを手に忙しく働く清掃員を見かけ、ふと声をかけました。

「君は、私が出会ったなかで最高の清掃員だ」

すると、清掃員はいいました。

「いいえ、大統領閣下、私はただの清掃員ではありません。私はこのオフィスを掃除することで、人類を月に送ることに貢献しているのです」

このように、ＮＡＳＡではすべてのスタッフが、人類を月に送るというビジョンの実現に自分の人生の意味を見出し、それぞれのミッションを担おうとしていました。

この清掃員は、嵐の後始末を一刻も早く終わらせることが、アポロ計画を着実に進めるための重要なミッションだと本気で思っていたのです。

ミッション達成に不可欠なメンバー間の信頼

ＮＡＳＡは、「無人による宇宙飛行」「無人による地球周回飛行」「有人による地球周回飛行」「有人による月周回飛行」といったミッションの達成を経て、１９６９年７月、ついに月面着陸を目的としてアポロ11号を打ち上げました。

しかし、アポロ11号は難なく月へと降り立ったわけではありません。

着陸直前にトラブルに見舞われています。

ニール・アームストロング船長と、バズ・オルドリン操縦士を乗せた月着陸船が司令船から切り離されて、月への降下をはじめているさなか、着陸船のコンピュータから突然、警報ブザーが鳴ったのです。

降下中の２人の宇宙飛行士は、月面上の着陸目標物が見えてくるタイミングがずれていることから、着陸船が着陸予定地点から離れた場所に降りることになりそうだと気づいていました。

しかし、この警報の意味はまったくわからず、降下シミュレーションの訓練でもそんな警報が鳴ったことはなかったため、テキサス州ヒューストンの管制センターとの通信で、「プログラム・アラームだ」と緊急事態を告げます。

そのとき、管制センターでは、着陸船のコンピュータを担当する若いスタッフが、「Goだ！」と叫びました。

彼は、別のクルーが行った降下シミュレーションの際に同じような警報が鳴ったことを知っていました。だから、警報が断続的であれば降下を続けても問題はないと自ら判断し、管制センターの飛行主任に対して「このまま続行です」と進言したのです。

アームストロング船長は「了解」とのみ答え、着陸にふさわしい場所を探しながら、着陸船を操作し、月へと降下していきました。

そして燃料の残りがギリギリになるなか、ついに月へと降り立ちました。

このエピソードからわかるのは、ミッションの大切さと、それぞれのミッションを担当する人が自ら判断することの大切さです。

アポロ11号ミッションにおける2人の宇宙飛行士のミッションは、この時点では、着陸船を無事に月に降ろすことにほかなりません。

ところがその寸前になって警報が鳴りはじめ、その原因がわからなかったため、管制センターの判断を仰ぎました。

管制センターでは、若いコンピュータ担当スタッフが「Go」と判断しました。

彼は、警報の意味を解釈して判断を下すことが自分に課せられたミッションであり、自分にしかできないことだとわかっていたため、瞬時に着陸ミッションを続行させたのです。

計画の実行に不測の事態はつきものです。

いかなる場合でも、担当者がそれぞれ自分のミッションを明確に理解し、責任をもって行動すれば、組織として最善、最速の判断が可能となります。

その際に必要なのは、担当者間の信頼です。

アポロ11号着陸船の２人の宇宙飛行士が置かれていたのは、死ぬか生きるかという状況でした。しかし、彼らは、管制センターでサポートしてくれている技術者たちの判断を全面的に信頼していました。

だからアームストロング船長は即座に「了解」と答えたのです。

そして着陸船の操縦を継続し、月に到達することができたのです。

アポロ計画のまとめ

アポロ計画についてまとめてみましょう。

この事例からわかるのは、何といってもリーダーが示すビジョンの大切さです。

「10年以内に月に人類を送る」というケネディ大統領のビジョンが、ＮＡＳＡだけでなく、国民全体の夢になっていたからこそ、アポロ計画は幾多の困難を乗り越えて成功したのです。

次に、月面着陸の成功に向けて、「マーキュリー計画」「ジェミニ計画」「アポロ計画」と、NASAは段階的にミッションをクリアしていきました。このことはミッション達成を積み重ねることでビジョンを実現するという、ミッションリーダーシップの考え方に一致しています。

また、アポロ計画では、宇宙飛行士、管制センターの技術者、さらには清掃員にいたるまでが、それぞれのミッションをよく理解し、達成に向けて全精力を注ぎ、信頼し合っていました。

そのような最強のチームによって、月面着陸というビジョンは実現したのです。

なぜ、日本は大国ロシアに負けなかったのか？――「日露戦争」

日本が日露戦争に突き進んだ理由

続いて、日露戦争をミッションリーダーシップの視点で読み解いていきましょう。はじめに歴史的背景と概要をおさらいしておきます。

明治維新を経て開国した日本は、国家の独立と尊厳を貫こうとしていました。そのため、陸海軍では人材育成に力を入れ、装備や戦略の研究も進めました。

その１つの到達点が、１９０４年から05年にかけて起こった日露戦争でした。

開戦後、日本海軍はロシア旅順艦隊を攻めます。

これに対して、同艦隊が旅順港に引っ込んでしまったため、日本海軍は港の出入り口に老朽船を沈めて閉塞しようとしましたが、これは失敗に終わります。

その後の黄海海戦でも、日本海軍は旅順艦隊を全滅させることができませんでした。

一方、日本陸軍は満州での戦いを優位に進めていきました。

ところが、ロシア本国からバルチック艦隊が日本近海をめざしてやってくることがわかり、陸軍は海軍の要請で旅順にも部隊を向けることになります。

陸軍による旅順要塞への攻撃は失敗が続きました。

しかし途中から、攻撃目標を二〇三高地に切り換え、なんとかこれを奪取すると、同地に観測点を設けて、陸上からの砲撃によって旅順艦隊を全滅させることができました。さらに奉天における会戦でも、日本陸軍はロシア軍を退却させせました。

そして、海軍が、大航海の末に日本海に現れたバルチック艦隊を破ったことで、両国の間で和平への動きが起こります。

これには、ロシア国内で激化していた革命運動も影響していました。

最終的には、米国の仲介でポーツマス条約が結ばれ、戦争は終結に至りました。

以上が日露戦争のおおまかな流れです。

日露戦争におけるビジョンとミッション

さて、それでは日露戦争における日本のビジョンは何だったのでしょうか。

それは「日本の独立を守ること」です。

非常に簡潔で明快、なおかつ、欧米列強による植民地支配を防ぐために成立した明治国家にふさわしい、崇高で切実な「ビジョン」。これは夢といってもいいでしょう。


では、「日本の独立を守る」ための第1のミッションは何だったのでしょうか。

それは「ロシアと和平協定を結ぶこと」です。

日露戦争を戦った日本の指導者たちは、誰一人として「ロシアに勝とう」などとは考えてはいませんでした。

「ロシアに勝つ」とは、日本からはるかに遠いロシアの首都サンクトペテルブルクまで攻め込んで占領することを意味します。当時、そんなことが可能だと考えるような日本の政治家や軍人は1人もいませんでした。

だとしたら、「日本の独立を守る」ためにクリアすべきミッションはというと、「ロシアと和平協定を結ぶこと」以外にありません。

そうすることによって、ロシアの南下を抑え、朝鮮半島から脅威をとり除く。日露戦争はそういう戦いだったのです。

ビジョンの実現を可能にした優れたミッションの設定

「ロシアと和平協定を結ぶ」ために、日本のリーダーたちは以下のような主要なミッションを設定します。

①日英同盟を結ぶ
②局地戦で勝利する
③ロシア革命の支援工作を進める
④米国に和平の仲介者になってもらう

この4つです。このうち「②局地戦で勝利する」という陸海軍に課されたミッションは、さらに以下のようなミッションに分けられます。

・バルチック艦隊を壊滅させる
・旅順艦隊を壊滅させる
・二〇三高地を占拠する

この3つです。

ここは、ちょっとわかりづらいかもしれませんので、説明を加えましょう。

「ロシアと和平協定を結ぶ」ためには、「局地戦で勝利する」というミッションを達成しなくてはなりません。

なぜなら、日本がある程度、戦争で優位に立たない限り、ロシアは和平に応じてはくれないからです。


では、「局地戦で勝利する」ためにはどうすればいいのか。

日本のビジョンとミッション

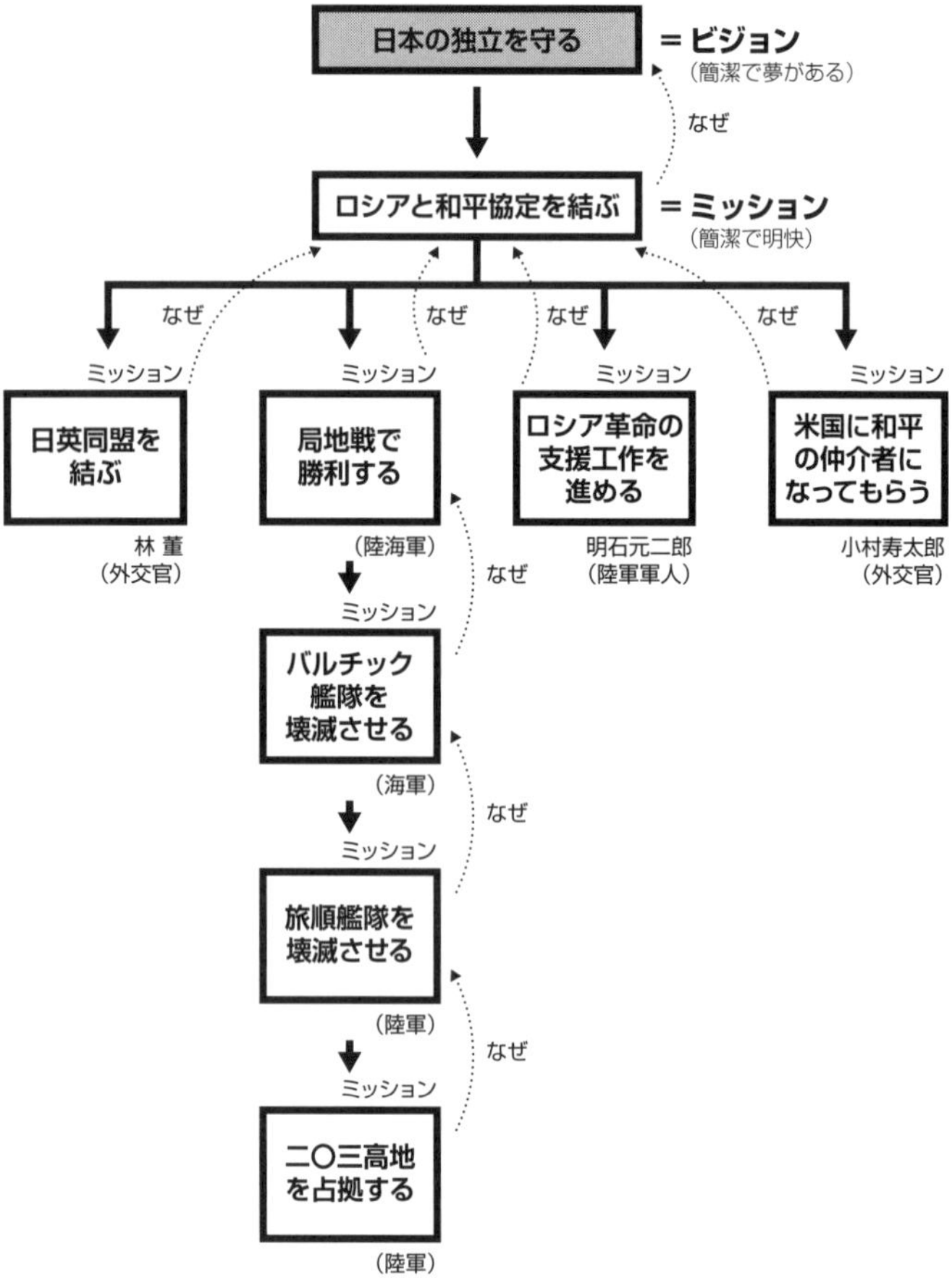
日本の独立を守る
＝ビジョン
（簡潔で夢がある）
なぜ
ロシアと和平協定を結ぶ
＝ミッション
（簡潔で明快）
なぜ
なぜ
なぜ
なぜ
ミッション
日英同盟を結ぶ
林 董
（外交官）
ミッション
局地戦で勝利する
（陸海軍）
なぜ
ミッション
バルチック艦隊を壊滅させる
（海軍）
なぜ
ミッション
旅順艦隊を壊滅させる
（陸軍）
なぜ
ミッション
二〇三高地を占拠する
（陸軍）
ミッション
ロシア革命の支援工作を進める
明石元二郎
（陸軍軍人）
ミッション
米国に和平の仲介者になってもらう
小村寿太郎
（外交官）

それには「バルチック艦隊の壊滅」というミッションの成功が不可欠でした。

バルチック艦隊は、大国ロシアが本国に保有していた大艦隊です。この艦隊を破ってこそ、日本は自分たちが優勢であることを世界に印象づけることができます。

また、もしバルチック艦隊を完全に打ち破らなければ、同艦隊と旅順艦隊が合流することによって日本海の制海権を奪われ、満州にいる陸軍の補給路を断たれる可能性もありました。ですから、バルチック艦隊を必ず「壊滅」させなくてはなりませんでした。

そして、その前段階のステップとして、「旅順艦隊を壊滅させる」というミッションを遂行する必要がありました。

というのも、日本海軍が保有していた艦隊は連合艦隊だけだったため、バルチック艦隊が日本近海に到来する前に旅順艦隊を全滅させなければ、1つの艦隊で2つの艦隊を相手に戦うことになり、きわめて不利な状況に追い込まれるからです。

ところが、その旅順艦隊は港の奥に潜んでしまいました。

そのため、陸上からの砲撃によって攻めるしかなかったので、陸軍に「二〇三高地の占領」というミッションが課されたわけです。

つまり、時系列に従って言い換えれば、二〇三高地を占拠することによって旅順艦隊を壊滅させ、バルチック艦隊との決戦において同艦隊を壊滅させ、こうした局地戦（満州での陸戦を含む）の勝利によって日本の優位を示して、ロシアと和平を結ぶ、というのが日本の陸海軍に課された一連のミッションでした。

その他のミッションについても、あらためて見ていきましょう。

「①日英同盟を結ぶ」のは、いうまでもなく英国を味方につけるためです。当時、英国は世界各地でロシアと対峙しており、日本としては、ロシアと戦う前に是が非でも英国と同盟関係を結んでおく必要がありました。

「③ロシア革命の支援工作を進める」というのは謀略戦です。帝政末期で体制が揺らぎつつあったロシア国内を混乱に陥れ、厭戦気分を高めるために、ロシア国内外の反帝政革命勢力を支援する工作活動でした。

「④米国に和平の仲介者になってもらう」のは、戦争を早期に終わらせるための準備です。国力の乏しい日本は長期戦に耐えられないため、局地戦で勝利を収めた後は、いち早く和平協定を結ばなくてはなりませんでした。

当時の日本の戦争指導者たちは、こうしたミッションを明確に認識し、遂行することで、日露戦争を戦いました。

ミッションを達成してビジョンを実現した日本人の団結力

ここで、日露戦争で各ミッションを遂行した人々と、それぞれの役割について見ていきましょう。

まず「日英同盟」ですが、英国との交渉を進めて調印にこぎつけたのは、林董《ただす》という外交官でした。この人は元幕臣です。

「バルチック艦隊の壊滅」というミッションを担った海軍の指導者は、山本権兵衛海軍大臣と東郷平八郎連合艦隊司令長官でした。

この2人はともに薩摩藩出身で、東郷のほうが山本より年長です。山本は、すでに引退していた先輩の東郷を引っ張り出してきて、連合艦隊を任せました。

陸軍では、乃木希典《まれすけ》が第三軍司令官として「旅順艦隊の壊滅」というミッションを託されました。しかし、乃木は旅順要塞への正面攻撃に固執し、失敗を重ねます。

その後、「二〇三高地の占領」へと作戦を切り換えたものの、攻めあぐんだため、満州軍総参謀長の児玉源太郎が乃木から第三軍の指揮権を一時預かって、これら2つのミッションを達成しました。

一方、「ロシア革命の支援工作」というミッションを進めたのは、陸軍の明石元二《もとじ》郎《ろう》大佐（福岡藩出身）でした。

明石は公使館づきの武官としてロシアに赴任すると、反帝政組織とひそかに接触し、資金を提供したり、反乱を企てたりして、後方を攪乱しました。今でいうスパイ活動を行ったわけです。

明石大佐は、レーニンが起こしたロシア革命に影響を与えた1人だともいわれます。

そして戦争が最終段階に入ると、「米国に和平の仲介者になってもらう」というミッションが、外務大臣の小村寿太郎（日向国飫肥《おび》藩出身）に託されました。

連合艦隊がバルチック艦隊を破った日本海海戦の後、小村は米国のセオドア・ルーズベルト大統領に講和のあっせんを依頼し、ポーツマス会議に全権として出席しました。そしてロシア側との和平交渉を行い、和平条約の締結にこぎつけました。

このように日露戦争の各ミッションは、出身や所属や立場が異なる多彩な人々によって達成されました。

もちろん、ここにあげた人々は、各ミッションを担った人々の代表であり、実際には、第一線の将兵をはじめもっと多くの人々が、それぞれのミッションに携わりました。まさに日本人の総力の結集することによって、「日本の独立を守る」というビジョンは実現したのです。

日露戦争のまとめ

日露戦争は日本が国運を賭けて臨んだ戦いでした。

その意味では総力戦なのですが、同時に、当時の指導者たちが、旧藩のしがらみ、軍人と文官の違い、年次の差によるプライド、なにより犬猿の仲といわれた陸海軍の壁などを乗り越えて、あたかも1つのチームのようにうまく連携し合って遂行した戦争でした。

とりわけ特徴的なのは、ビジョンとミッションが極めてよく連動していることです。

二〇三高地を落として旅順艦隊を壊滅させ、さらにバルチック艦隊を壊滅させることで局地戦に勝ち、そしてロシアと和平協定を結ぶといった一連のミッションの達成が、「日本の独立を守る」というビジョンの実現に明確につながるように設定されていたことがわかります。

日本の安心と安全はいかに守られたのか？――「ハイパーレスキュー隊」

福島第一原発での放水活動を読み解く

最後に、東日本大震災発生後、福島第一原発への放水活動を行った東京消防庁ハイパーレスキュー隊の事例を取り上げます。はじめに概要を確認しておきます。

２０１１年3月11日に発生した巨大地震と津波によって、福島第一原発ではすべての電源がストップし、原子炉を冷却できなくなりました。

その結果、原子炉建屋の水素爆発や放射性物質の外部への放出が起こり、危機的な状況が続きました。このうち3号機では使用済み核燃料プールの水位が下がり、燃料棒が露出する事態となりました。

このため、3月17日、陸上自衛隊のヘリコプターが上空から放水、さらに警視庁機動隊の高圧放水車が地上から放水しましたが、いずれも大きな効果はなく、東京消防庁ハイパーレスキュー隊への出動命令が下されました。


この活動の詳細は、19日夜の記者会見で明らかとなっています。

会見には、佐藤康雄総隊長、冨岡豊彦隊長、高山幸夫隊長の計3人が出席しました。

会見内容によると、ハイパーレスキュー隊が原発敷地内に入ったのは、18日午後5時過ぎ。当初は3号機そばの岸壁に車両を止め、機械でホースを伸ばして海水をくみ上げる予定でしたが、付近にがれきや流木が散乱していて大型車の通行ができなかったため、いったん撤退します。


活動を再開したのは午後11時半。今度は1号機付近の岸壁に車を止め、長さ約800メートルに及ぶホースのうち350メートルを隊員が手作業でつなぐなどして、屈折放水塔車に水を送り、19日午前0時半から約20分間、至近距離から3号機に向けて毎分3トンの放水をしました。

これにより、３号機内の燃料プールは水で満たされ、放水を終えた段階で放射線量はほぼゼロとなりました。

また、これらすべての活動に従事した隊員約50人の被ばく線量も、最高で毎時27ミリシーベルトと、東京消防庁が設定している基準値を下回る数値に抑えられました。

ハイパーレスキュー隊のビジョンとミッション

それでは、この活動をミッションリーダーシップの視点で見ていきましょう。

まず、この活動のビジョンは何だったのでしょうか。

19日の記者会見のなかで、高山隊長は、

「我々の活動が、福島県民、さらには全国民に安心と安全を与えたかなという気持ちで、達成感でいっぱいでございます」

と語っています。

この言葉から、ハイパーレスキュー隊がこの活動を通じてめざしたビジョンは、「日本の安心と安全を守ること」だったことがわかります。

簡潔で誇りのもてるビジョンです。


大震災にともなう原発事故によって、日本は安全でなく、安心できない状況に陥っていました。そうしたなか、自衛隊、機動隊に続き、切り札として現場に入ったのが東京消防庁のハイパーレスキュー隊でした。

佐藤総隊長らは、すさまじい重圧に押しつぶされそうになりながらも、日本の安心と安全を守れるのはもはや自分たちしかいないと自らに言い聞かせ、使命感に突き動かされながら活動に従事していたのです。


では、このビジョンを実現するために達成しなくてはならないミッションは何だったのでしょうか。

もちろん、「使用済み核燃料棒から出てくる放射線量を下げること」です。

ただし、会見で佐藤総隊長は、放水の仕方について「連続的に大量の水をプール内に注水する」という言い方をしました。

「連続的に」「大量の水を」「プール内に」と条件を３つあげている点が重要です。

結果的に、これら３つの条件を満たすやり方で注水ができたことで、放射線量は下がったのです。

したがって、ハイパーレスキュー隊全体のミッションは、「連続的に大量の水をプール内に注水する」ことによって、「使用済み核燃料棒から出てくる放射線量を下げる」ことだったといえます。

ちなみに、佐藤総隊長は会見で自らのミッションを説明するときにメモ等をまったく見ていません。ミッションは１００％、総隊長の頭に記憶されていたからです。

日本の安心と安全を守った3つのミッション

福島第一原発に入ったハイパーレスキュー隊は、現場で3つの班に分かれて活動しました。仮に第1班、第2班、第3班と呼びましょう。各班には、それぞれのミッションがありました。

第1班を率いた冨岡隊長は会見で、

「最初に現場に着いて、現場にどういう危険性があって、どういう活動ができるのかを確認するのが、私の任務でした」

と語っています。

したがって、この班のミッションは「現場の危険性と活動の可能性を確認すること」だったといえます。

冨岡隊長もこのときメモはまったく見ていません。ミッションを簡潔に規定し、それを完全に記憶していたのです。

ちなみに、冨岡隊長のこうした説明方法は、危険な任務に就いている人に特有のものです。一般の人なら「私の任務は、現場に行って状況を把握することでした」と言いそうなところですが、彼はそういう言い方はしませんでした。

なぜなら、「状況を把握せよ」というミッションは中身が曖昧で、命じられた人は自分の感覚で適当に現場を見て、状況を把握したつもりになってしまうおそれがあるからです。

軍隊でも、「状況を把握する」というような曖昧なミッションは設定しません。状況を把握する必要があるような場合は、「現場の危険性と活動の可能性を確認する」という明確な言葉で簡潔にミッションを設定します。

第2班は、「海水を3号機に放水する」というミッションを担いました。

これも明確なミッションです。班を率いた高山隊長は、そのミッションを「目に見えない敵との戦いだった」と会見で振り返っています。

もう1つの第3班のミッションに関しては、会見のなかで高山隊長が言及しました。高山隊長らが放水をしている間、現場には第3班がいて、「隊員の被ばく線量を基準値（毎時30ミリシーベルト）未満に抑える」というミッションを担っていたのです。「（第3班の）隊員たちが常に我々のそばにいて、今、どのぐらいだ、今どのぐらいだ、という形で（線量を）アピールしてくれた。そのバックアップがあったからこそ、この任務は遂行できた」と高山隊長は語っています。

あらためてつけ加えておくと、この会見での佐藤総隊長はじめ3人の説明は、きわめて簡潔明快で、情報がよく整理されていました。とりわけ佐藤総隊長は、原稿も用意せず、約20分間にわたって、ほとんど淀むことなく話し続けました。

東日本大震災の発生直後は、さまざまな人が数え切れないほどの回数の記者会見を開きましたが、このときの記者会見ほど、国民にとってわかりやすく、説得力のあるものはなかったでしょう。

ハイパーレスキュー隊のビジョンとミッション

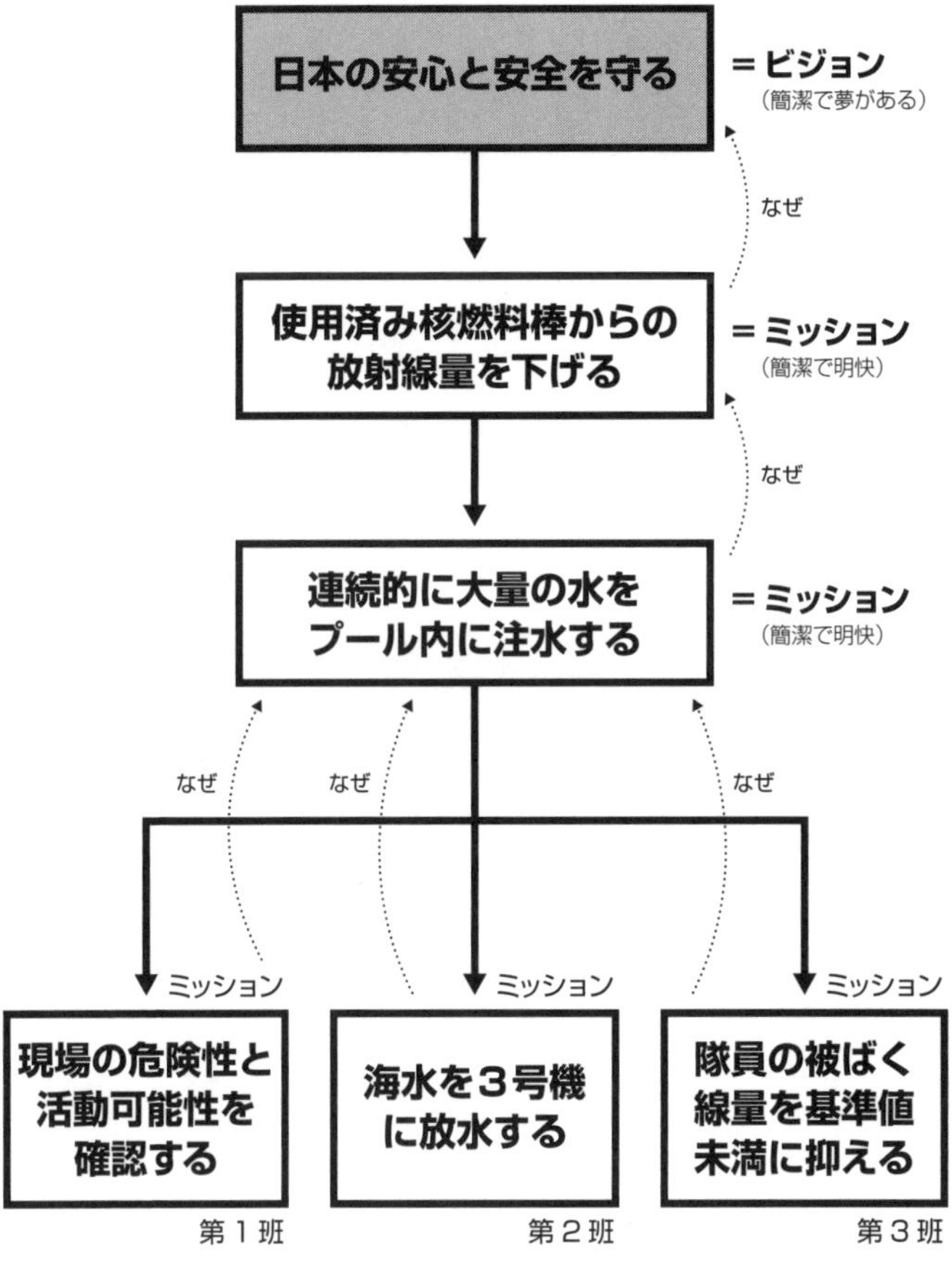
日本の安心と安全を守る
＝ビジョン
（簡潔で夢がある）
なぜ
使用済み核燃料棒からの
放射線量を下げる
＝ミッション
（簡潔で明快）
なぜ
連続的に大量の水を
プール内に注水する
＝ミッション
（簡潔で明快）
なぜ
なぜ
なぜ
ミッション
ミッション
ミッション
現場の危険性と
活動可能性を
確認する
第１班
海水を３号機
に放水する
第２班
隊員の被ばく
線量を基準値
未満に抑える
第３班

それは彼らが正確に事態を捉え、ミッションを明確に設定し、確実に遂行しようとしていたからです。

彼らは現場の指揮官であり、広報の専門家ではありません。

しかも彼らは会見の直前まで極限状態で放水作業を行い、東京に戻ってきた夜にあの見事な会見を行ったのです。

それができたのは、彼らがふだんから、どんな状況においても、簡潔明快な言葉を使って話し、情報を整理して伝え、共有するという習慣を身につけているからでもあります。

ミッション遂行における自由と制約を明確化

ハイパーレスキュー隊の放水活動は、「自由と制約」をはっきりさせていたという点でも、ミッションリーダーシップの考え方に通じるものでした。

まず自由は、注水の仕方に表れました。

前述のように、ハイパーレスキュー隊は当初、３号機のそばの岸壁から海水をくみ上げる作戦を立てていましたが、付近には屋外タンクやがれきが散乱しており、大型車の通行ができないため、活動をいったん中止します。

そして、車が走れそうな場所から水をくみ、ホースの一部は隊員が手作業でつなぐという作戦に切り換え、実行したのです。

こうした作戦変更は、ミッションを達成するためなら、やり方は現場の判断に任せる、という方針が貫かれていたからこそできたことです。

ハイパーレスキュー隊は、このミッションを遂行するために必要な装備や人員をすべてそろえて現地に行き、事前にさまざまな放水の仕方を検討していました。

はじめははしご車を使う予定でしたが、水が強風に流されて霧状になってしまうため、屈折放水塔車を使うことに決めた、ということも会見で明らかにしています。

佐藤総隊長らは、安全を確保しながら、自分たちで判断して活動してよいという自由を与えられていたのです。

その一方で、制約となったのは、「毎時30ミリシーベルト未満」という被ばく線量の基準値でした。けれども、この数値による制約は、隊員たちの活動を縛るためのものではありません。基準を厳格に設けてあるのは、それを下回る線量のもとなら活動してよいという自由を隊員に与えるためのものなのです。

人間は一定の制約のもとに置かれているほうが、その範囲内で自由に行動することができます。

毎時30ミリシーベルトなら30ミリシーベルトと基準を設けてしまったほうが、線量がそれを下回っている間は、心理的な安心感が生まれ、作業能力が上がります。

最悪なのは、基準値を「毎時20ミリシーベルト〜40ミリシーベルト未満」などと曖昧に設定することです。これだと、線量がたとえば毎時30ミリシーベルトに達したとき、隊員はどうすればいいのかわからなくなり、隊の活動効率は大幅に低下します。

自由と制約が明確だからこそ活動できる

軍隊でも、上官は作戦遂行上の制約をあらかじめ明確に示します。

たとえば、「弾《たま》が足りないから、よく気をつけて使うように」などという命令は決して出しません。上官がそんなことをいうと、兵士は弾を惜しんで銃を撃たなくなり、死体と弾だけが残ることになるからです。

弾薬の数が兵士１人当たり30発であれば、「30発ある」とはっきり伝え、その制約下で最大限の成果をあげようと努力するのが、正しいリーダーの言動です。

ビジネスの世界に当てはめていえば、予算が30万円なのにそれを伝えず、「あんまり予算を使わないでくれよ」などという指示を出したのでは、部下はアクションをとることができません。

「予算は必ず30万円以内でやってくれ。使い方は君に任せるから、一番有効な使い方をしてくれ」と制約を明示し、自由を与えて部下のモチベーションを高めるのが、よ

ミッションの自由と制約

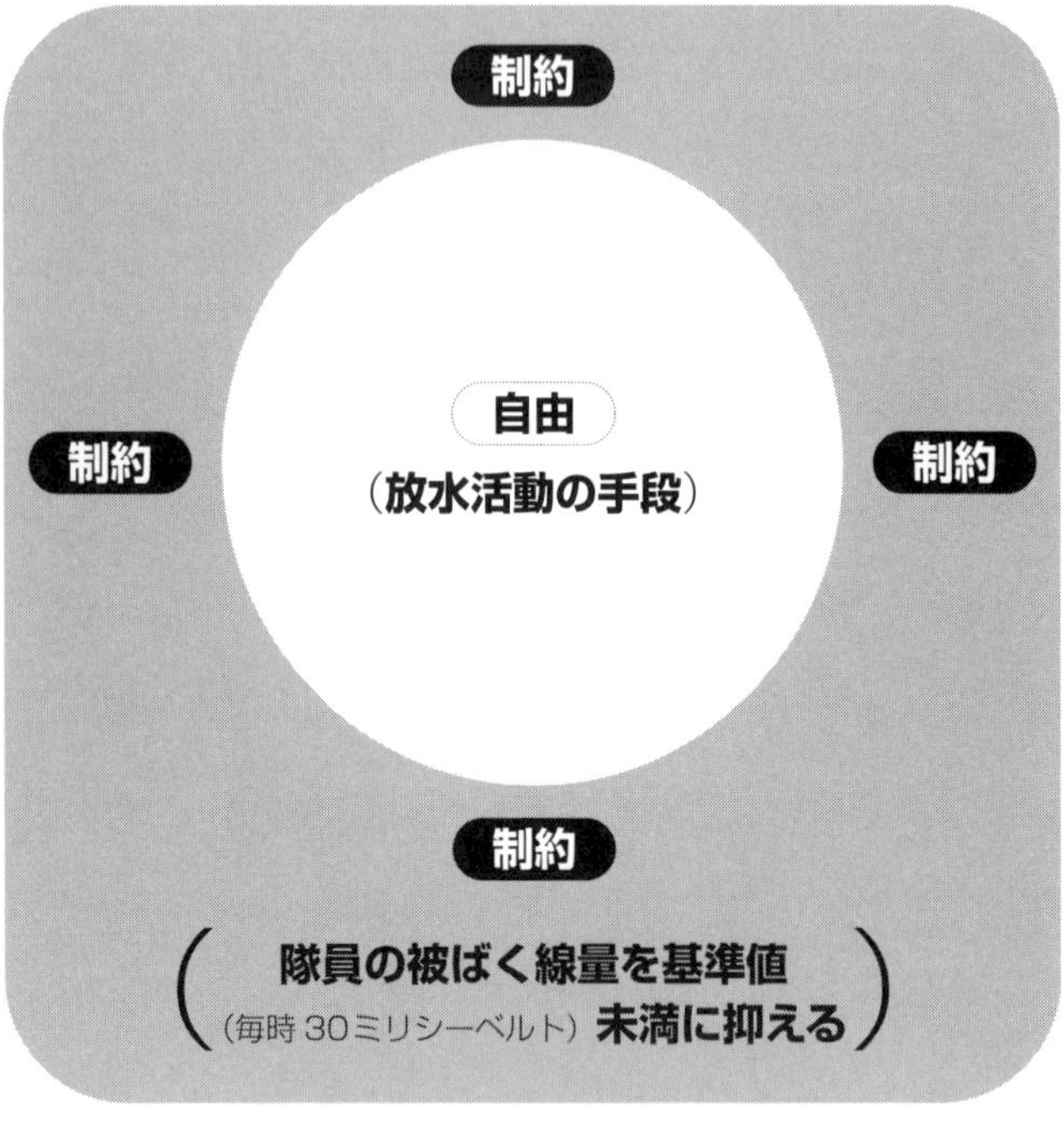

制約が明確だからこそ
自由に動くことができる!

いリーダーなのです。

東京消防庁が撮影、公開した映像を見ると、活動中、放射線量を測定していた第3班の隊員たちが、「この地点、線量率高くありません。活動時間に余裕があります」とか、「○○ミリ、できるだけ車両の左側を通って」などと大声で指示を出していたことがわかります。

このように第3班が数値を知らせ、指示を出し続けたことが、第2班によるスムーズな放水活動につながりました。

「毎時30ミリシーベルト」という制約のもと、第3班は自分たちの判断で自由に指示を出したので、第2班はその指示に全幅の信頼を置くことができたのです。

恐怖を克服するために必要な明確なミッション

3月19日の記者会見の締めくくりで、佐藤総隊長は、放水活動を開始する前の隊員たちは、防護服その他の装備を身につけるのに、ふだんの3倍ぐらい時間がかかって

いたと振り返りました。その理由について佐藤総隊長は、

「自分たちは放射能の危険度を熟知しているがゆえに、放射能に対して強い恐怖心をもっている」

といった内容のことを話していました。

「熟知するほど恐怖を感じる」とは、逆説的に真理を言い当てている言葉です。


前章でも述べたように、戦場の兵士は、「死ぬかもしれない状況」と「何をすればいいのかわからない状況」が重なったとき、恐怖を感じます。

だから、何をすればいいのかをはっきりさせるためのミッションが必要なのです。

しかし、たとえ明確なミッションがあったとしても、「死ぬかもしれない状況」に置かれた兵士のなかには、恐怖心を感じて震え出す人もいます。

しかも、戦場に慣れ、戦闘を知り尽くしている兵士ほどそうだといいます。

けれども、それは戦場に慣れ、戦闘を知り尽くしているがゆえの恐怖であり、そういう歴戦の兵士は、いざ作戦がはじまれば、決してパニックを起こすことはないのです。逆に戦場に慣れていない新兵ほど、戦闘前は平気そうに振る舞っていて、銃撃が

はじまるといきなりパニックを起こし動けなくなるといいます。

「熟知しているがゆえの恐怖」は、人間が危険から身を守り、生き抜いていくために必要なものなのです。

ハイパーレスキュー隊の放水活動のまとめ

東京消防庁ハイパーレスキュー隊の放水活動がアポロ計画や日露戦争と違っているのは、きわめて短時間に実行されたという点です。

だからこそ、難易度の高い活動だったことがわかります。

隊員たちに失敗は許されず、なおかつ活動が予定どおりにいかない場合は、すみやかに計画を修正して、迅速かつ確実に放水を成功させる必要がありました。

そのためには、隊と各班のミッションは明確に設定されていなければならず、何より、日本を救うのだというビジョンが隊員たちに共有されていなければなりません。

佐藤総隊長は夫人に福島行きを伝えたとき、「日本の救世主になってください」というメールを受け取ったそうですが、それは、ハイパーレスキュー隊のビジョンが、日ごろからその家族の間でも共有されていたことを示しています。

さて、ここまで、3つの事例をミッションリーダーシップの視点から読み解いてきました。次章では、ミッションリーダーシップの実践方法について、さらに踏み込んでお話しします。

第3章のまとめ

SUMMARY

いかなる状況下であれ、夢のあるビジョン掲げられ、それを実現するためのミッションが設定され、ミッション達成のための行動をとるにあたっての自由と制約が明確にされていれば、メンバーそれぞれが組織内で連携して高いパフォーマンスを発揮できる。

第4章
ミッションリーダーシップを実践する

「ビジョン・ミッションの設定とリーダーシップの発揮」

MISSION LEADERSHIP

どうやってビジョンを掲げミッションを設定するのか？

夢のあるビジョンを掲げる方法

この章では、実際にどのようにミッションリーダーシップを組織に導入して実践していくかということについて、お伝えしていきます。

ミッションリーダーシップを組織のマネジメントに取り入れて実践していくには、最初にビジョンを掲げることからはじめます。

これは組織だけでなく、チームや個人が実践する際も同じです。

これまでも説明してきたとおり、ビジョンは簡潔明快で夢があり、実現期日が明確であるものが理想的です。

誰にでも理解しやすく、誰もが成功を頭に思い描くことができ、実現まで何年かかっても忘れない言葉、そういう力のある言葉で語れるのが、よいビジョンです。

簡潔明快であることの1つの指標は、文字数です

ビジョンが長い文だと、理解することも記憶することもできません。

組織のメンバーによって解釈が異なってしまうようなビジョンも、よいビジョンとはいえません。ビジョンは、一字一句そのままがメンバーたちに浸透し、共有されるものでなくてはならないのです。

組織の独自性が表れているかどうかも、重要なポイントです。

企業にとってよいビジョンとは、企業の歴史が込められており、その企業ならではの成果が示されているものです。

競合他社が掲げても違和感がないようなビジョンでは、それに向かって努力するモチベーションがわき上がってきません。

達成可能なミッションを設定する方法

ビジョンを掲げたら、次はその実現に向けてのステップとなるミッションを設定します。ミッションもビジョンと同じように、簡潔明快でなければなりません。

ただし、ビジョンが長期的に組織全体がめざす夢であるのに対し、ミッションは短期的に達成すべき目標です。企業の場合であれば、各部署・各個人のその年の最重要課題を言葉にしたものがそうです。

まず、ミッションに美辞麗句はいりません。

今年、今月、あるいは今週というように時期を区切って、現実になすべきこと、確実に遂行すべきことが、明確に示されていなくてはなりません。

ミッションに曖昧さがあってはならないのです。

よく企業では「利益を出す」といいますが、これだけでは曖昧です。

その場合の「利益」とは何を意味するのか。経常利益なのか、営業利益なのか。対前年比で利益率を上げることなのか、対計画比で利益率アップを達成することなのか。円ベースなのか、ドルベースなのか。そういうことが明示されないまま、単に「目標は利益を出すこと」といっているわけです。

このような場合、各部門の人が「経常利益目標は達成できなかったけど、営業利益が対前年比で増加しているからいいだろう」といった勝手な判断をしかねません。

また、ミッションは組織内で連動していなくてはなりません。下位のミッションと上位のミッションが「何」と「なぜ」の関係になっていることが必要なのです。

たとえば、前章で紹介した東京消防庁ハイパーレスキュー隊の事例において、３つの班のミッションはそれぞれ、

「現場の危険性と活動の可能性を確認すること」
「海水を3号機に放水すること」
「隊員の被ばく線量を基準値（毎時30ミリシーベルト）未満に抑えること」

でした。これらはいずれも各班がなすべきこと、「何」に当たります。

そして、各班は、「なぜ」これらのミッションを達成しなくてはならなかったかといえば、それは「連続的に大量の水をプール内に注水する」ためでした。「連続的に大量の水をプール内に注水する」ことは、隊全体に課されたミッションであり、隊全体としてなすべき「何」に当たります。

さらに、そのミッションが「なぜ」設定されたのかというと、それは「使用済み核燃料棒から出てくる放射線量を下げる」という最上位のミッションを達成するためだったわけです。

このようにミッションの設定においては、「何＝what」と「なぜ＝why」を明記します。ただし、「どのように＝how」は入れません。ミッションを「どのように」達成するかは現場の担当者に任せるのです。そうやって、状況の変化に応じて最適な行動がとれるような状態を組織内につくります。

ミッションの達成の仕方は、現場でその都度、自由に判断すべきことなのです。やり方（how）を細かくコントロールすると、現場の行動が制限されるばかりか、現場を邪魔してしまう場合もあります。

ミッションの「なぜ」と「何」

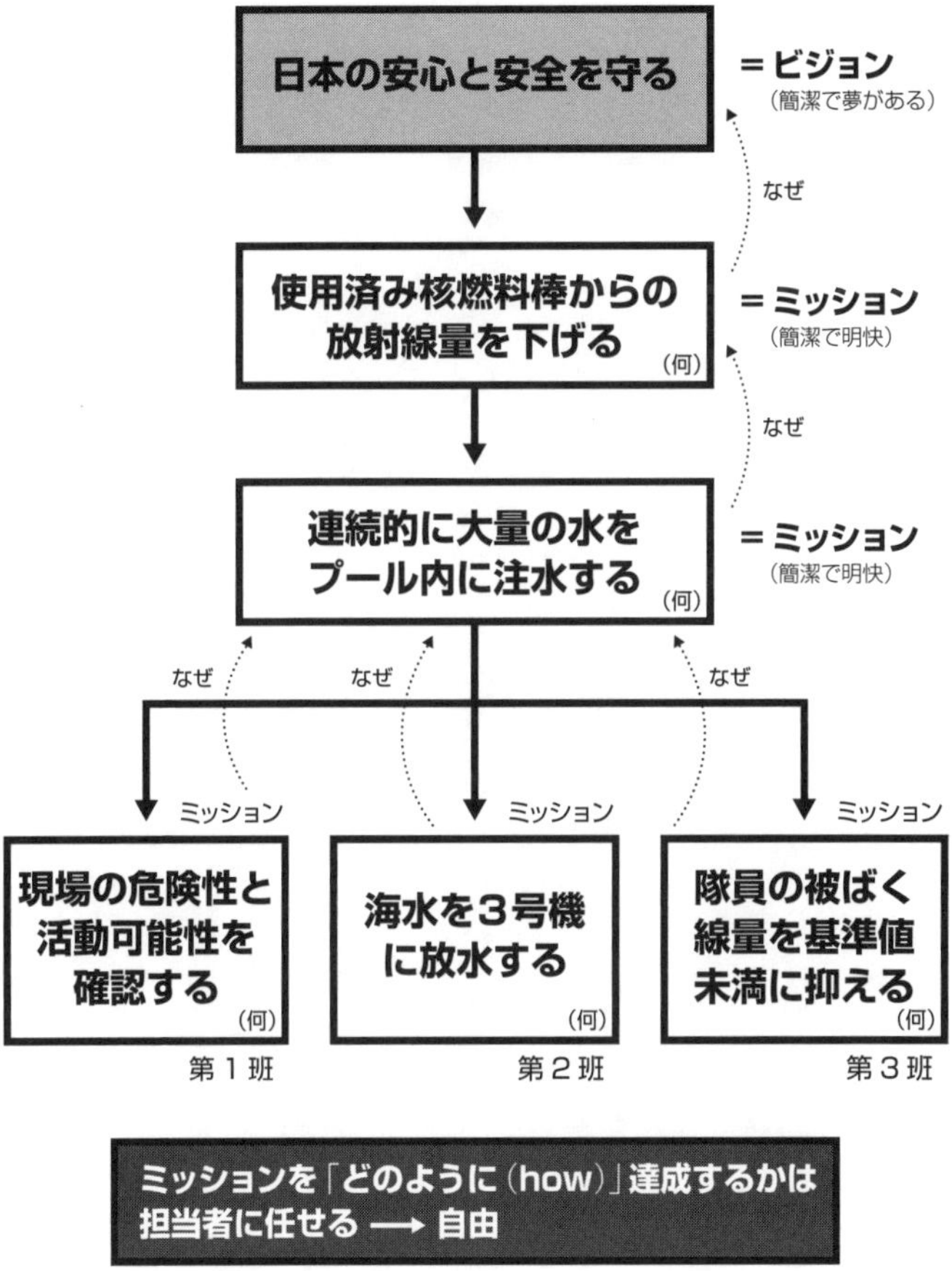
日本の安心と安全を守る
＝ビジョン
（簡潔で夢がある）
なぜ
使用済み核燃料棒からの
放射線量を下げる
（何）
＝ミッション
（簡潔で明快）
なぜ
連続的に大量の水を
プール内に注水する
（何）
＝ミッション
（簡潔で明快）
なぜ
なぜ
なぜ
ミッション
ミッション
ミッション
現場の危険性と
活動可能性を
確認する
（何）
第１班
海水を３号機
に放水する
（何）
第２班
隊員の被ばく
線量を基準値
未満に抑える
（何）
第３班
ミッションを「どのように（how）」達成するかは
担当者に任せる ⟶ 自由

「what」と「why」で規定され、「how」は入っていない。
これが正しく設定されたミッションです。

ミッションの達成に向けてタスクを設定する

ミッションは、ビジョンを実現するために達成していくステップであり、企業や組織では各部署、各リーダーに課されます。

各部署や各リーダーはさらに、ミッションを達成していくためにいくつかの成果目標をもちます。

これをタスクと呼びます。タスクは、ミッションをどのように達成するかということであり、現場の責任者に任されるもの（＝how）です。

たとえば、ある会社の営業課長のミッションが、「今年、売上高1億円を達成すること」だったとします。

営業課長はこのミッションを達成するために、「従来の顧客との取引額をいくらに伸ばす」とか、「新規の顧客を何社獲得する」というタスクをつくります。

一般的な企業では、現場の責任者（この場合は課長）１人につき、年間に20〜30個のタスクをもちます。そうすると、責任者が10人いる組織（この場合は部）では、計２００〜３００個のタスクをもつことになります。

そういう状況で、果たして組織の上司（この場合は部長）は、すべてのタスクの執行を管理できるでしょうか。

できるわけがありません。

ミッションリーダーシップでは、タスクの執行管理をするのは現場の責任者の仕事です。組織活動は不確実性に満ちているため、自分のタスクは自分で執行する、自分の仕事は自分で管理するというのが、ミッションリーダーシップの考え方です。

そのうえで、各責任者のミッションとタスクの達成状況は、組織内でしっかり共有されていなければなりません。

達成状況がタイムリーに共有されていないと、上司は的確なアドバイスをすることができませんし、メンバー同士がいざというときにサポートし合うことができないからです。ミッションリーダーシップでは、「任される」ことと、「情報を共有しない」ことを混同することは許されません。

さらに、ミッションの達成状況を客観的に評価するためには、数値を用いた評価項目も必要です。これは、各メンバーが上司や他のメンバーとの合意に基づいて設定します。こうした項目のチェックも、まずは自律的にそれぞれの責任者が行うのが、ミッションリーダーシップのやり方です。

ただし、数値データなどの提供および共有は、組織内で可能な限り効率的に行われるべきです。たとえば、企業内のシステムにより、数値データの共有が透明な形で行われるのが理想的といえます。

ミッションが達成できない場合の対応法

では、組織のなかでミッション（たとえば売上高1億円）を達成できないメンバーが出てきた場合は、どうすればいいのでしょうか？

どんな組織を運営するにしても、いったんミッションを設定した以上、それを達成しようと全力を尽くすのは当然のことです。

しかしながら、ミッションはいつも計画どおりに達成されるとは限りません。期限に遅れることもあるでしょうし、努力したものの失敗という結果に終わることもあるでしょう。

いずれの場合でも、だれかのミッション達成が困難であることが明らかになったら、組織全体で対応します。

そのためには、「メンバーの1つ上のミッション」＝「上司のミッション」、つまり「組織全体のミッション」に立ち返って考える必要があります。たとえば、営業部のミッション「売上高10億円の達成」というようにです。

組織における各自のミッションの達成は、組織全体のミッションの達成につながっています。だから、1人のミッションの達成が危ぶまれるのであれば、他のメンバーがカバー（たとえば自分のミッション以上の売上を達成）するか、上司が直接支援（たとえばトップセールスで売上を上乗せ）に入ります。

このように、組織全体のミッション達成に全員が協力することで、最悪の事態を事前に回避するのです。

そのためにも、ミッションの達成状況の共有は不可欠なのです。

「上司は任せると言っておきながら、しつこく状況報告をさせる」というのは権限委譲についての間違った認識です。任せるのは本人の力を最大限活用してミッションを達成するためであり、状況を共有するのは本人が困難に直面した際に上司やメンバーが支援してミッションを達成するため、なのです。

どちらも純粋にミッション達成のために考えられた行動様式です。

では、上司やメンバーが支援に入っても組織のミッション達成が不可能そうな場合はどうすればいいのでしょうか？

その場合は、ミッションを設定し直さなくてはなりません。

そういうときは、必ずビジョンに一度立ち返ってミッションを考え直します。

組織が最終的にめざすゴールはビジョンであり、ミッションはそのためのステップなのですから、ゴールを決して見失うことなく、ステップを変更するのです。

リーダーシップを発揮するためのASPIRE

続いて、ミッションリーダーシップを使ううえで欠かせないリーダーシップの実践方法について説明します。

第1章で、チームリーダーの悩みを取り上げたとき、私はリーダーに求められる言動として、「夢を語ること」「簡潔な言葉で話すこと」「部下に自由を与えること」「部下の士気を高めること」の４つをあげました。

ここではより具体的に、私たちが提唱するリーダーシップのモデルを紹介しておき

ASPIREモデル

・・・

Aim	（目的）	→	明確化・共有
Situation	（状況）	→	明確化・共有
Plan	（計画）	→	明確化・共有
Inspire	（示唆）	→	モチベーションを高める
Reinforce	（強化）	→	あきらめずに継続する
Evaluate	（評価）	→	学習内容を次に生かす

ます。キーワードは「ASPIRE（アスパイア）」というアルファベット6文字です。それぞれ見ていきましょう。

まず、Aは「Aim（目的）」です。

リーダーは常に組織の目的を明確にし、メンバーと共有します。

Sは「Situation（状況）」です。

リーダーは組織が置かれている状況を明確にし、メンバーと共有します。

Pは「Plan（計画）」です。

リーダーは目的を達成するための計画を明確にし、メンバーと共有します。

Ｉは「Inspire（示唆）」です。

これは「鼓舞する」「示唆を与える」「率先行動で示す」ということです。


Ｒは「Reinforce（強化）」です。

リーダーは、組織が困難に直面したり、想定外の変化で混乱したとき、絶対にあきらめずにミッションを達成するまで継続させます。


Ｅは「Evaluate（評価）」です。

リーダーは組織の活動をたえず評価し、学習内容を次に生かします。また、成果への称賛を与えることでチームメンバーのさらなるモチベーションを引き出します。

要は「ほめる」ということです。


この6つが、リーダーシップの行動規範を示すＡＳＰＩＲＥモデルです。

ミッションリーダーシップでは、組織のミッション達成には、リーダーが、これら6つの言動を高いレベルで示すことが不可欠であると考えています。

ミッションリーダーシップを個人で実践するには?

個人の目標達成に導入して取り組むケース

それではミッションリーダーシップの実践例として、個人の目標達成に導入する方法を紹介しましょう。

読者のなかには40代後半の人もいるでしょう。

私はちょうどその年代なのですが、この年になると、さすがに体にガタがきます。若いころはそれなりに鍛えたつもりでも、今ではすっかりメタボリック症候群になりつつあります。自分の体力に自信がもてなくなり、なんとかしなければと思う今日このごろです。そういった日本中のどこにでもいるメタボオヤジのチャレンジストーリーを想定してみましょう。

仮にその人の名前を「田中一郎さん」とします。

年齢は48歳、体重は80キロあり、会社の健康診断でメタボリック症候群といわれました。おまけに3年前にぎっくり腰をやっています。腰をかばって動くくせがついたせいで膝も痛めており、時折、歩くのにも苦痛を感じるほどです。

体重を落とせば、少しは楽に歩けるようになるのでしょうが、田中さんは甘いものと晩酌が大好きです。そのため、思春期の娘からは「だから、ますますお腹が出ちゃうんだよ」とあきれられる日々です。

そんな田中さんが、あるときテレビで70歳でエベレスト登頂に成功した三浦雄一郎氏を特集したドキュメンタリー番組を観ました。番組では、成人病のデパートのようになっていた三浦さんが、ゼロから体をつくり直すことからはじめ、最終的にエベレスト山頂から雲海を眺める様子が紹介されていました。

この光景に触発された田中さんは、「エベレストは無理でも、自分も富士山に登ってみたい」と思うようになりました。

個人のミッションを設定する方法

富士山登頂をめざすにあたって、田中さんはミッションリーダーシップの手法を応用します。

そこでまず、「50歳になるまでに富士山に登る」という明確で期限のあるビジョンを掲げました。

続いて田中さんは、ビジョンを実現するためのステップとして、次の順でミッションを設定しました。

ミッション① メタボを治す
ミッション② 膝を治す
ミッション③ 体力をつける

個人の目標達成の例

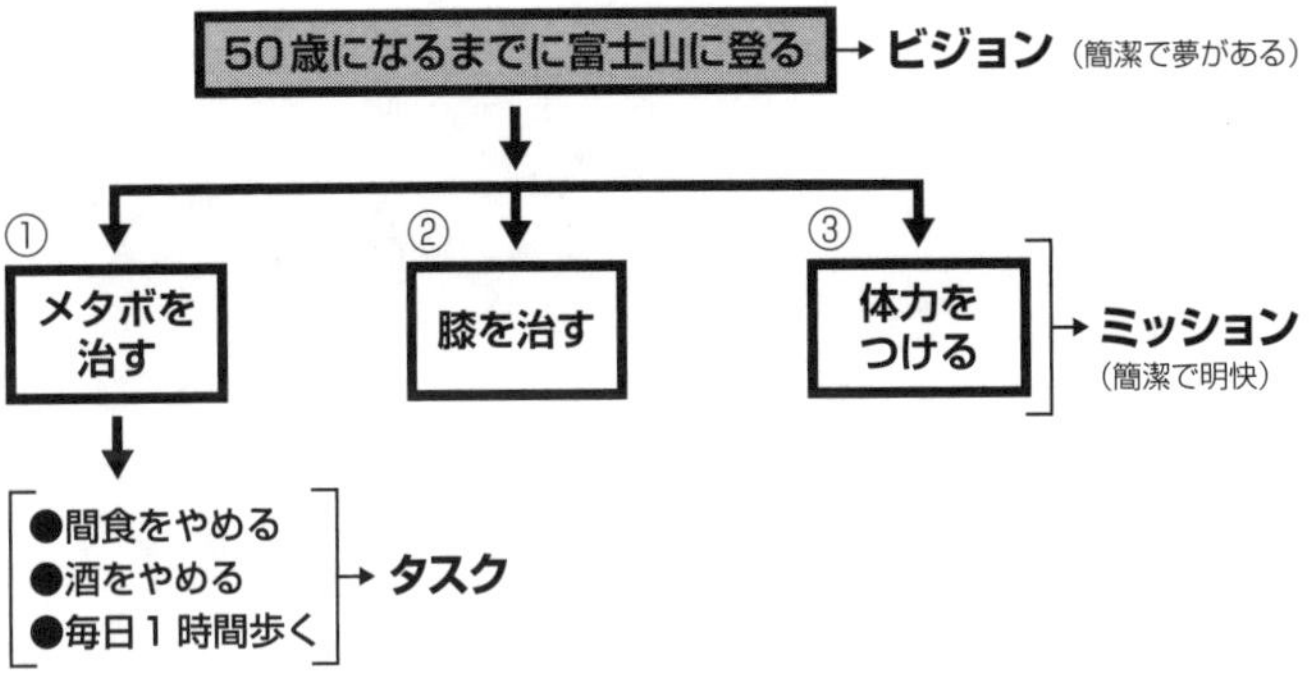

富士山に登るためには体力が必要です。そして、そのためには膝を治さなくてはなりません。さらに、膝を治すためにはメタボを治して体重を減らし、膝に負担がかからないようにしなくてはならないと考えたのです。

このうち、ステップ①の「メタボを治す」というミッションは、次の３つのタスクに分解しました。

タスク① 間食をやめる
タスク② 酒をやめる
タスク③ 毎日1時間歩く

そして、「体重」「体脂肪率」「ウエストサイズ」という客観的評価のための項目を設けました。田中さんが間食をやめ、晩酌を我慢したり、頑張って毎日歩いたりするのは、メタボを治すためです。メタボが治ったかどうかは、客観的に評価できなければ意味がありません。

だから、メタボが改善されたかどうかは、「体重」「体脂肪率」「ウエストサイズ」といった数値で評価することにしたのです。

以上が、田中さんの富士山登頂プロジェクトをミッションリーダーシップに基づいてプランニングしたものです。

これにより、田中さんがメタボ状態から脱出し、膝を完治させ、体力をつけることができれば、富士山登頂の夢はきっとかなうことでしょう。

ミッションリーダーシップを組織で実践するには？

チームや組織に導入して取り組むケース

次に、チームや組織でミッションリーダーシップを実践する方法を紹介しましょう。先の田中さんの例で、引き続き考えていきましょう。

田中さんが富士山登頂というビジョンを達成したら、その次はどのような行動をとっていくかということを想定しながら、組織での応用パターンを見ていきます。

富士山登頂以来、田中さんは山の魅力にとりつかれ、「オヤジ山岳会」を結成します。メンバーはいずれもサラリーマンで、中年になってから登山をはじめ、山に登ることによって体力と自信を回復したという共通の経験をもっています。

そこで、田中さんはオヤジ山岳会にミッションリーダーシップを導入することにしました。

まず、田中さんはオヤジ山岳会のメンバーと話し合って「55歳までにエベレストに登頂する」というビジョンを描きます。

今回のビジョンは、富士山登頂とは比べものにならないくらい難易度の高いものです。しかし、夢に満ちたビジョンでもあります。

いうまでもなく、エベレスト（8848メートル）は世界最高峰です。登頂には体力と高い技術を要しますし、お金もかかります。高山病のリスクもあります。けれども、ネパール側のノーマルルートから登るのであれば、田中さんのようなオヤジ世代にとって、エベレスト登頂は必ずしも実現不可能なビジョンではありません。

たとえば、米国の大富豪でアマチュア登山家だったディック・バスとワーナー・ブラザース社長だったフランク・ウェルズは、１９８３年、ともに50歳を過ぎてから世界七大陸最高峰をめざしはじめ、バスはエベレストを含む7座の登頂に成功していますす（富豪だけあって、お金は相当つぎ込んでいますが）。

日本人では、先ほどの三浦雄一郎氏が、70歳のとき（２００３年）と75歳（08年）のときにエベレストに登っています。

三浦氏は有名な登山家でありスキーヤーですが、いったん引退しました。そして、メタボ状態になって体力も落ちた後、基礎トレーニングからやり直して、二度も世界最高峰に登ったのです。

田中さんたちオヤジ山岳会のメンバーは、50代にさしかかったばかりです。トレーニングは日々重ねており、体力もついてきています。もちろん、エベレストに登るためには、多くの課題を乗り越えていかなければなりませんが、だからこそ、夢のあるビジョンになりえます。

むしろ、エベレスト登頂のために乗り越えるべき最も高い壁は、メンバーたちの心の中にあり、成功するかどうかは、田中さんがメンバーたちの心に火をつけられるかどうかにかかっているともいえるでしょう。

つまり、問われるのは、田中さんのリーダーシップだということです。

ミッションを設定するためのリーダーシップ

田中さんに求められる言動は、エベレストに登る本質的な目的（Aim）をメンバーに対して明らかにすることです。

それは、たとえば「オヤジの可能性の証明」といったことでしょう。

状況（Situation）の把握にも努めなくてはなりません。

さまざまな情報を収集して、エベレスト登頂に必要な技術や装備、費用を確認し、自分たちが登頂に成功するためにクリアすべき条件を共有する必要があります。

それから計画（Plan）を立てます。

これは「55歳までにエベレストに登頂する」というビジョンを実現するためのミッ

ションを設定していくということです。

そして、山岳会のメンバーたちに強い示唆（Inspire）を与えることも大事です。

多くのメンバーは、エベレストをめざすといわれても実感できないでしょうから、「アメリカの大富豪や日本の登山家ではなく、自分たち日本のサラリーマンの底力を見せつける番だ」というふうに、メンバーを鼓舞するのです。

チームや組織のミッションを設定する方法

では、エベレストに登るためのミッションを考えていきましょう。

田中さんらオヤジ山岳会は、次の3つのステップ＝ミッションを考えました。

ミッション① 登山隊を結成する
ミッション② 資金を集める
ミッション③ 技術を習得する

登頂にはさまざまな人材が必要となります。

そのためには、オヤジ山岳会の既存メンバーに加え、外部からも広く人を募ることが不可欠です。

したがって、まずステップ1の「登山隊を結成する」というミッションからは、次の3つのタスクが派生します。

タスク① 知人の登山愛好家に参加を呼びかける
タスク② インターネットなどで隊員を募集する
タスク③ 面接してメンバーを選定する

ステップ1の「登山隊を結成する」というミッションは、「必要な隊員を確保できたかどうか」で評価されます。

医療や気象に詳しい人、現地での物資調達や輸送に通じている人、スポンサーやマスコミとの対応ができる人など、あらかじめ必要な人材とその数を決めておきます。

そして、それが確保できたら、ミッション①達成となるわけです。

続くステップ2の「資金を集める」というミッションを達成するうえでも、対外的なアピールが欠かせません。そのため次のようなタスクが派生します。

タスク① 登山計画の説明資料を作成する
タスク② インターネットなどで広報する
タスク③ 企業や団体を回って寄付を募る
タスク④ 隊員から自己負担金を集める

四番めの「隊員から自己負担金を集める」というタスクを設けたのは、たとえば隊員一人ひとりが１００万円なら１００万円を出し合えば、隊員の間にこのプロジェクトへのコミットメントが生まれやすいからです。

また、企業などから寄付を募るうえでも、隊員各自がすでにお金を出し合っていることをアピールしたほうが、このプロジェクトにかける意気込みが伝わり、資金を集めやすくなるでしょう。

これらミッション②に関するタスクについても、あらかじめ目標金額を決めておくことで、達成できたかどうかを評価します。

最後のステップ3「技術を習得する」というミッションのためには、次のようなタスクが派生するでしょう。

タスク① 指導者を見つける
タスク② 国内でトレーニングする
タスク③ 海外でトレーニングする

オヤジ山岳会のメンバーは、まだ自分たちで国内の山を登りはじめたばかりです。冬山の経験すらありません。

したがって、エベレスト登頂計画に賛同してくれる専門家、ヒマラヤ登山の経験が豊富なプロの登山家に隊に加わってもらい、トレーニングの同伴者になってもらうのが得策でしょう。

チームの目標達成ミッションの例

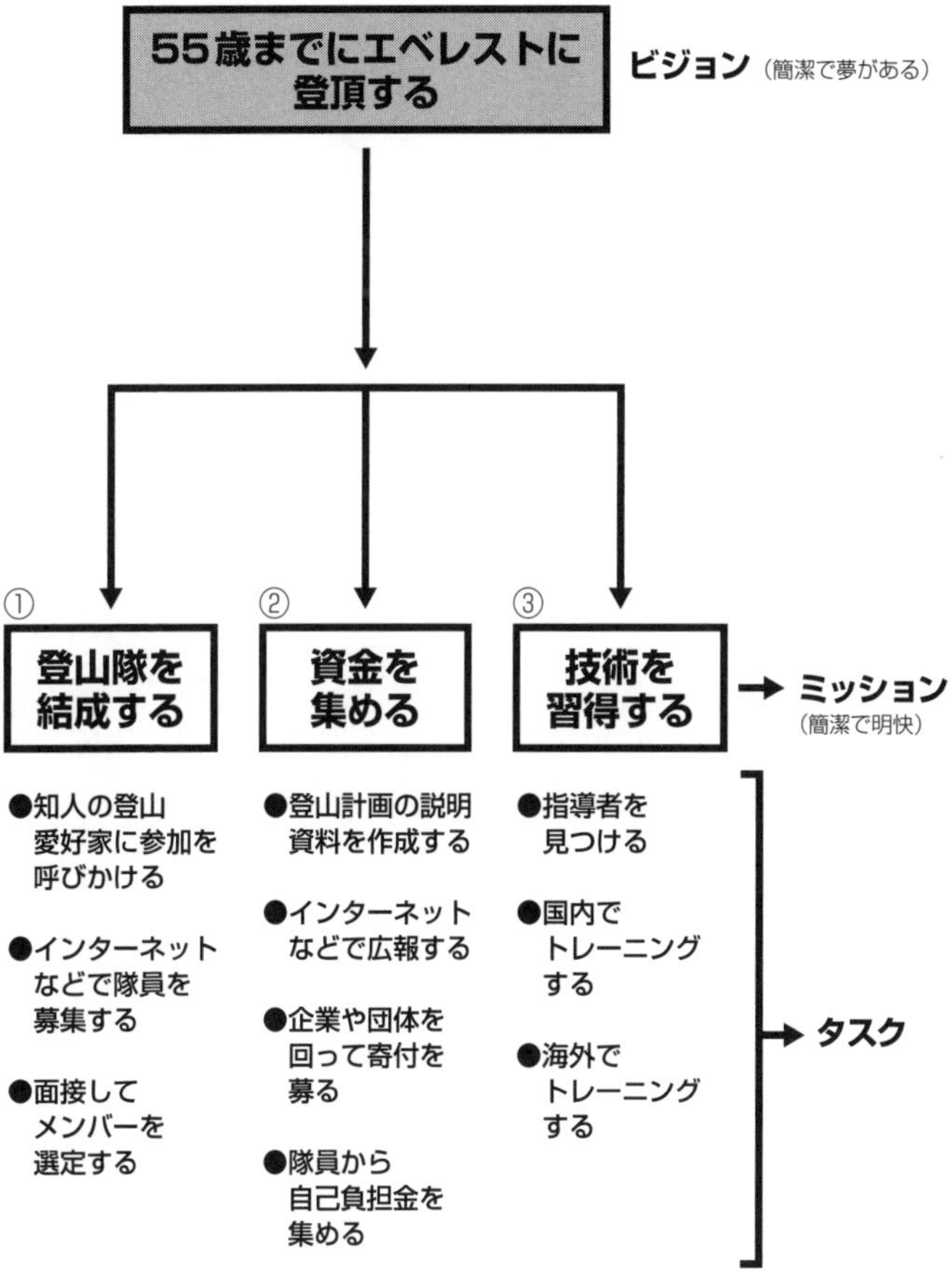
55歳までにエベレストに登頂する
ビジョン（簡潔で夢がある）
①登山隊を結成する
②資金を集める
③技術を習得する
ミッション（簡潔で明快）
●知人の登山愛好家に参加を呼びかける
●インターネットなどで隊員を募集する
●面接してメンバーを選定する
●登山計画の説明資料を作成する
●インターネットなどで広報する
●企業や団体を回って寄付を募る
●隊員から自己負担金を集める
●指導者を見つける
●国内でトレーニングする
●海外でトレーニングする
タスク

指導者が見つかったら、次の「国内でトレーニングする」というタスクに取り組むこともできます。指導者のアドバイスを仰ぎながら、冬山や氷壁でのトレーニングを重ね、登山技術を磨くこともできます。

同時に、体力アップも継続的にやっていくことになるでしょう。

それらがクリアできたら、海外でトレーニングするというタスクが待っています。海外の5000メートル級、6000メートル級の山に登り、さらにエベレスト周辺のヒマラヤの高地に慣れれば、技術習得のミッションは終了です。

チームや組織の士気を高める方法

このように、エベレスト登頂という大きなプロジェクトであっても、そのためのミッションを一つひとつこなしていけば、成功までの道筋が見えてきます。

もっとも、本当にエベレストの頂上にたどり着くまでには、さまざまな困難が待ち構えています。

たとえば、重要なメンバーが欠けるとか、資金が思うように集まらないとか、トレーニングが想像以上にきつかったとか、55歳までにという期限に間に合わなくなるという具合に、隊はいくつもの試練にさらされることでしょう。

そういうとき、リーダーの田中さんは、隊に力を再び吹き込んで（Reinforce）、くじけそうになっているメンバーの士気を回復させなくてはなりません。

その際、特に大事なのは、どういう言葉を発するかということです。

「オヤジの可能性を証明するという目的を思い出そう」
「資金を寄付してくれた人たちの期待に応えよう」
「他の人たちにできて、自分たちにできないはずがない」
「ここまで積み重ねてきた努力を無駄にすまい」
「エベレストに登った男として死ぬか、登るのをあきらめた男として死ぬか」

隊を取り巻く状況に合わせて、リーダーが的確な言動を示せるかどうかがミッションの成否を左右します。

さらに、一つひとつのタスクをこなしていくたびに、メンバーと成功を評価（祝福）し合うこと（Evaluate）も大切です。

準備期間中は定期的に集まって成果を認め合うとか、合宿で1つ山を制覇したら、下山後全員でシャンパンを抜くとか、方法はいろいろ考えられます。

組織だからこそ、集団の力によって、個人では乗り越えられないような困難を克服し、個人では成し遂げられないようなことを実現できます。

また、そのために組織はある、といっても過言ではありません。

チームや組織の永続に必要なリーダー像

ただし、組織が力をもつためには、ビジョンとミッションがメンバーの間でしっかりと共有されていて、組織を導くリーダーがいなくてはなりません。

さらにビジョンを実現した後は、新たなビジョンに向かって動き出す必要性も出てきます。前のプロジェクトでどんなにすばらしい成果を収めた組織でも、新たなビジョンを描けていなければ、方向性を見失い、迷走したり失速したりするからです。

つまり、もしオヤジ山岳会がエベレスト登頂に成功できたなら、チームをまとめていくうえでは、またさらなる高みを求めて、次のビジョンを設定することも必要なのです。

将来的にオヤジ山岳会は大規模な組織に発展していく可能性もあるでしょう。

そうなると、組織内のチームの連携が難しくなっていくおそれもあります。

十数人で動いているような組織であれば、おたがいにミッションを共有しやすいでしょうし、リーダーの言動も伝わりやすいのですが、数百人の組織ではそう簡単にはいきません。

下手をすると、ビジョンがない、ミッションが定まらない、適切な言動を示しうるリーダーもいない、つまりは「メンバーがバラバラな組織」になっていく危険性もあるのです。

そうならないように、ミッションリーダーシップを組織にしっかりと根づかせなくてはなりません。

ここまで、個人と組織で取り組む2つの例を通じて、ミッションリーダーシップを実践する方法を紹介してきました。

次章では、ミッションリーダーシップの手法と哲学を身につけ、組織に根づかせる方法について考えていきます。

第4章のまとめ

SUMMARY

個人かチーム・組織かにかかわらず、ミッションリーダーシップを導入して実践していくには、夢のあるビジョン、そしてそれを実現するためのミッション、さらにそれを達成するためのタスクを設定して、自律的に実行して評価することが求められる。

第5章
ミッションリーダーシップを組織に定着させる

「リーダーシップを身につける訓練」

MISSION LEADERSHIP

ミッションリーダーシップを定着させるには？

簡潔にすることの難しさを乗り越える

本章では、ミッションリーダーシップを組織に定着させる方法について、詳しく説明していきましょう。

組織のメンバー一人ひとりが、ミッションリーダーシップを習得するにはどうすればいいのか、組織内のすべてのメンバーが、常にミッションリーダーシップの考え方にのっとった行動ができるようになるためにはどんなことが必要なのか。そのためのポイントを中心にお話ししたいと思います。

第2章で私は、ミッションリーダーシップは、当たり前の組織運営手法であり、哲学だといいました。

当たり前のことを当たり前にやるのは案外難しいともいいました。

ミッションリーダーシップを組織に導入する際、私たちは、

「ミッションは簡潔明快に設定しましょう」

と口を酸っぱくしていいます。

しかし、いきなりそのとおりに実行できるかというと、おそらく不可能です。

たとえば、企業ではよく売上目標を設定しますが、

「今月のミッションは1億円を売り上げること」

などときっぱり言い切れるリーダーはなかなかいません。なぜなら、リーダーには「利益も出さなくてはならない」というプレッシャーがかかるからです。

リーダーはしばしば、「売上げを伸ばすべきか、利益を伸ばすべきか」というジレンマに陥ります。その揚げ句、「売上げ1億円を達成しつつ、利益1000万円を確保する」といった目標を設定しがちです。

けれども、それでは部下は、売上げと利益のどちらを伸ばせばいいのかわかりません。頑張って売上げを伸ばそうとすると、かえって経費がかさみ、利益が思うように伸びない場合もあります。逆に経費を抑えれば、利益はそれなりに出せても、売上げが目標額に届かなかったりします。

そうすると、最悪の場合、売上目標も未達、利益目標も未達という結果を招きます。まさに「二兎を追う者は一兎をも得ず」です。

そんなとき少なからぬビジネスパーソンは、「やっぱりビジネスは複雑なんだよ」と愚痴りたくもなるのでしょう。

そういう人は、私たちがいくら「ミッションリーダーシップを実践するうえでは、簡潔なミッションを明確に設定しましょう」といっても、「企業活動は、軍隊の作戦行動のように単純なものではない」と反論するかもしれません。

しかし、それは間違っています。

軍隊では、簡潔にすることの困難を乗り越えているのです。

究極のジレンマのなかでもミッションを遂行する

現代の軍事作戦はきわめて複雑化していますし、軍隊は常に究極のジレンマのなかで行動しています。軍隊が直面する究極のジレンマとは、「人命尊重」と「作戦遂行」のどちらを優先するかということです。

軍事行動では必ず犠牲者が出ます。

その数が最少になるように、現代の軍隊ではできる限りの手を打ちますが、あらかじめ犠牲者がゼロと決まっているようなミッションは軍隊にはありません。

「味方から１人の犠牲者も出ないように作戦を遂行せよ」

などと命じられたら、どんな優秀な指揮官も部隊を動かすことはできません。

ですから軍隊では、ミッションを優先します。

ミッション遂行を第一に置いて、そのなかで犠牲者を最小限にする、というアプローチをとるのです。そうでなければ、作戦も遂行できず、犠牲者も出るという最悪の事態を招きかねません。

大きな作戦で、1つの部隊がミッション遂行に失敗すると、全部隊のミッションの失敗、すなわち壊滅につながるおそれもあります。

だから、軍隊という究極の組織では、ミッション達成が何よりも優先されるのです。

不自然なことに慣れる訓練をする

ミッションリーダーシップの実践が決して簡単ではないのは、実は「不自然なことをやろうとしているから」です。

たとえば、「簡潔なミッションを明確に設定する」というのは、本来、人間にとって自然な行動ではありません。もともと人間は、簡潔な言葉で物事を捉えるのが苦手であり、目標を決めるときは、長々と言葉を連ねたり、あれこれと表現を変えたりして説明したくなるものです。

短い言葉でスパッと要約して表現することのほうがよほど困難です。

困難に直面した際に明るく振る舞い、チームの士気を高め、チームを強化するといったリーダーの振る舞いも、本来は不自然な行動です。人間は、苦しいときは苦しい顔になり、つらいときは落ち込んでしまうのが自然だからです。

したがって、ビジネスの世界でふつうに働いていて、最初からリーダーシップを発揮できるリーダーはきわめてまれです。

では、どうすればいいのでしょうか。

不自然なことができるようになるためには、訓練を重ねるしかありません。不自然なことが自然にできるように、習慣や癖をつけるといえばわかりやすいでしょうか。

例をあげましょう。

私は学生時代に空手をやっていたのですが、空手をはじめとする打撃系格闘技では、初心者は最初に、「相手が打ってきても、後ろに下がらないこと」という基本を徹底的に教え込まれます。

相手が打ってきたとき、身を守ろうとして後ろに下がるのは、人間としてきわめて自然な反応です。しかし、打撃系格闘技の勝負で、打たれそうになったときに後ろに下がると、相手はここぞとばかりに前に出て、どんどん攻撃してきます。下がれば下がるほど打たれることになり、そのままサンドバッグ状態になるわけです。

ですから相手が前に出てきたときは、こちらもひるまずに前に踏み込めばいいのです。そうすると、間合いが詰まって、相手の攻撃は効かなくなります。

しかし、初心者にとって、これは非常に難しいことです。打たれそうになったときに前に出るのは人間として不自然な動作ですから、徹底的に訓練を積まなければ、身につくものではありません。

ミッションリーダーシップを身につけるためにすべきことも、これと似ています。

人間にとって不自然な行動が自然にできるようになるには、繰り返し練習して習慣や癖にするしかないのです。

どうすればリーダーシップを身につけられるのか？

不自然なことに慣れるための言動

では、どうやって不自然なことに慣れる習慣や癖を身につければいいのでしょうか。

ここでは、そのためのヒントを紹介しましょう。

かつて私は事業会社の社長として、ミッションリーダーシップを実践するうえで、リーダーにふさわしい言動についていくつかの工夫を凝らしました。

●禁句令をつくる

１つめは、社内で「会社の方針だから」「社長が言ったから」「株主の意向だから」

と言ってはいけないという〝禁句令〟を出したことです。

これら3つのフレーズは企業のなかでよく使われる悪い習慣です。

社員が仕事の内容に疑問や不満を抱くたびに、上司は「会社の方針だからわかってくれ」とか、「社長が言ったのだから、やるしかないじゃないか」とか、「株主の意向なのだから、仕方がない」などと言って、社員をなだめたり、諭したり、説得したりします。

しかし当時、社長を務めていた企業では、私がミッションリーダーシップを導入して実践していたので、そんな言い訳は許されません。

全社員が、1つのビジョンに向かって、それぞれのミッションの達成に向けて邁進する必要がありましたので、「会社の方針だから」という曖昧な言い訳をするのは全面的に禁止したのです。

たとえば、部下がミッションに疑問を感じたとしたら、リーダーはその疑問に自分で答えなくてはなりません。そしてこのとき、「会社は○○をめざすのだから、自分たちは××をやらなければならないのだ」と、「〇〇」と「××」を自分の言葉で説明しなければならないと決めました。

「社長がそう言ったから」「株主の意向だから」というフレーズを禁句にしたのは、社長である私の責任を明確にするためでもあります。

社長の私がふだんから役員や社員に対する説明を怠らず、彼らが納得して働けるようにしていれば、彼らの口から「社長が言ったから」とか「株主の意向だから」という言葉は出てこないのです。

株主の意向もそうです。

それを確認し、メッセージとして社内に伝えることが私の仕事なのですから、私自身が「株主の意向だから」という言葉を使うことは、あってはならないのです。

●明るく元気に振る舞う

２つめは私自身に課したルールです。

いつも明るく元気に振る舞うというルールを決め、特にプレッシャーがかかったときほど、笑顔を見せるように努めました。

事業活動をしていると、企業はしばしば大きな危機に直面します。業績の低迷もその1つですが、それより怖いのは、品質問題、取引先や消費者とのトラブル、情報漏洩事故、社員の不祥事など、会社の存亡にかかわる問題が勃発することです。

ですが、そこで社長が動揺してこわばった顔つきになったり、あわてた様子で会議室に駆け込んだりしていたら、動揺が社員たちに伝染し、士気に悪影響を与えてしまいます。

ですから私は、どんなときでも意識的にゆったりと行動し、ニコニコ笑っているように心がけました。

ときには「今､対応を間違えたら会社がなくなるくらい大きな問題が起こっている。でも、俺はゆっくり歩いて行くぞ。ほら、こんなにゆっくり歩いている」などと周囲に聞こえるように冗談を言いながら、笑みを浮かべて歩くようにしました。

●シンプルなメッセージを発信する

３つめは、社員に対してシンプルなメッセージを発し続けることでした。ミッションを繰り返し伝えるとともに、私自身のコミットメントを示すために、毎月１回、全社員に社長メッセージを送りました。その会社は外資系でしたので、メッセージは日本語と英語の両方で書きました。

その際、文章は必ず３行までと決めていました。

３行のメッセージであれば、内容は自ずとシンプルになるからです。シンプルなメッセージは社員に言葉どおりに伝わるので、受け取る人によって解釈が異なるといったことも、起こることはありませんでした。

●常に簡潔に話す

４つめは、簡潔に話すことです。

私は、仕事で人と話すときは、できるだけ簡潔に話すように心がけています。簡潔とは、短いということです。

具体的には、形容詞はなるべく使わず、繰り返しを避け、効果的な単語を選び、結論から先に話すことです。

簡潔なメールを発信したり、簡潔に話したりできるようになるには、文章を書き、推敲する習慣をつけるのが効果的です。

私の場合は、よけいな形容詞を使わないようにし、大和言葉を漢字の熟語に置き換えて文章を短くしています。ただし、漢字ばかりが並ぶと読みづらくなるため、漢字を並べるのは4文字までと決めています。

そして一度、文書を書いたら、その3倍の時間をかけて推敲し、文章の長さを3分の1に短縮するようにしています。

3倍の時間をかけて文章を3分の1に短縮するというと、そんな時間の使い方はもったいないという人もいるでしょうが、それは間違った見方です。

1000人の社員がいる会社では、トップは1000人に対してメッセージを発しなくてはなりません。その際、トップの発するメッセージが、本来あるべき文章の3

倍の長さであれば、社員も3倍の時間をかけてそれを読むことになります。

そうすると、社内でメッセージの伝達に要する時間は３００倍に増えます。

そのほうがよほど非効率であり、トップの使う時間を3倍にしたほうがよほど効率的です。

また、文章を短くすれば、１０００人の社員に間違ったメッセージが伝わる危険を最小限にすることもできます。


一方、戦場では、ミッションが簡潔であるかどうかは死活問題です。

長く複雑なミッションでは、覚えることすらできませんし、覚えられないミッションを実行できるはずがありません。

そのため軍隊では、簡潔な指示を出す訓練を徹底的にやっているのです。

社員をどのように教育すればいいのか？

どうやるかは訓練で教える

先に私は、ミッションリーダーシップでは、ミッションは「何を（what）なぜ（why）やるか」というふうに表現し、「どうやるか（how）」はそのミッションを担当する人に任せるのだと述べました。

こういうと、「『どうやるか』は教えないのか」「『what』と『why』が示されていても、『how』がわからなくては、ミッションを達成できないかもしれないではないか」といった疑問を抱く人もいるかと思います。

結論からいいますと、「how」を教えることは必要です。

当然ですが、軍隊では、新兵に厳しい戦闘訓練を施します。第3章で取り上げたハイパーレスキュー隊も、隊員たちは日々、災害救助活動の訓練をしています。

兵士やレスキュー隊員たちはふだんから「how」を教え込まれているからこそ、戦場で作戦に従事できるわけですし、災害現場で任務を全うできるのです。

ビジネスの世界も同じです。人は学んでいないことは実行できませんから、「how」を教える教育や訓練の機会は必要です。ただし、ミッションの中身に教育や訓練を盛り込んではいけません。

ミッションはあくまでも任務であり、教育や訓練の機会とは違うのです。

もちろん、どんなに訓練しても、すべての兵士が完璧な能力を身につけることはできません。

そういう場合、軍隊ではミッションの分割方法を工夫します。そして、各人が実行可能なミッションを与えるようにするのです。

なぜなら、「how」を知らない兵士にミッションを与えても作戦は失敗に終わるだけで、作戦行動中に兵士に「how」を教え込んでも、所詮、間に合わないからです。そしてそれらはすべて死に直結します。

戦場でのリーダーの仕事は、部下の訓練ではなく、部隊のミッションを適切に設定し、完遂することなのです。

ミッションリーダーシップを活用してイノベーションを起こすには？

ビジョンとミッションがイノベーションのもと

近年、イノベーションの必要性がさかんに叫ばれています。

日本企業はなぜ革新的な商品やサービスを生み出せなくなったのか、日本企業が再び世界を驚かせるイノベーションを起こすためにはどんなことが必要なのか、といった議論がマスメディアではしばしば交わされています。

私たちは、イノベーションを起こす組織をつくっていくためにも、ミッションリーダーシップが役に立つと考えています。

イノベーティブな企業では、リーダーが常に新たなビジョンを打ち出し、その実現に向けて、社員がそれぞれのミッションを達成しようと努力し、その結果として革新的な商品やサービスが生み出されています。

たとえばアップルでは、故スティーブ・ジョブズが「電話を再発明する」といって、iPhoneを世に送り出しました。ジョブズは「新しい電話はこういうものになる」というビジョンを描き、技術者たちに開発ミッションを与えました。

ジョブズの頭の中には、常に再発明のビジョンがあり、次は「教科書、テレビ」の再発明を構想していたといわれます。

こうしたビジョンをジョブズが描けたのは、単に彼がカリスマだったからではありません。ジョブズは天からアイデアが降ってくるのを待っていたのではなく、多くの人と会って話し、いろいろな書物に触れ、歴史を振り返り、努力の末に未来を想像していたのです。

自由と制約を明確にして潜在能力を解き放つ

企業がイノベーションを起こすためには、「自由と制約」を社内で明確にしておくことが重要です。

制約が曖昧だと、開発者たちは「予算が足りない」とか、「時間が足りない」などとできない理由をあげることにエネルギーを使いはじめます。

ですから、開発者に予算や開発期限などの制約をはっきり示し、その範囲内であれば何をしてもいいという自由を与えれば、開発者たちはミッション達成に集中せざるをえなくなります。

社員の潜在能力を引き出しイノベーションを起こすには、明確なミッションと同時に明確な制約が必要なのです。

英語圏のビジネスシーンでは、「ギャップができる」「スペースができる」という言い回しがよく使われます。

これは、高い目標とその達成に必要な自由を与えることで、今の自分と目標の間にギャップやスペースができるという意味で、ポジティブな表現です。

ギャップやスペースの大きさは、その人に与えられたチャレンジの大きさです。ミッションリーダーシップの考え方にそっていえば、与えられた自由の大きさでもあります。

人は本来、すばらしい力をもっており、チームや組織に属していれば、いろいろなことが実現できます。一方、会社の側も社員に力を発揮してほしいと思っています。にもかかわらず、多くの人がその力を発揮できていないとすれば、組織のあり方や運営方法に問題があるのです。

ミッションリーダーシップはまさにそういった停滞する組織を変えていく方法論であり、哲学なのです。

優れたリーダーを継続的に輩出するには？

軍隊のリーダー育成システムに学ぶ

ビジネスの世界では、小さな会社が画期的な事業を起こして成功すると、成長の段階に入ってから、やがて迷走しはじめるといった例がしばしば見受けられます。特にトップが交代したときが、最も危険です。創業者が引退した途端、リーダーシップをとる人が社内にいなくなり、混乱に陥る企業は少なくありません。

そうなるのを防ぐには、次世代のリーダーを育てる仕組みが不可欠です。

組織は成長すればするほど、ステークホルダーの数が増え、永続性を求められます。しかし、リーダーは必然的に交代しますから、成長し続ける組織は、リーダーを継続的に輩出していく仕組みを必要とします。

そこで参考にすべきは、やはり軍隊です。

軍隊では、優秀な人材を選抜し、若いときから徹底的に鍛えます。士官学校に入学するのは19歳や20歳の若者たちです。彼らはその年齢から、厳しい環境に置かれてリーダーシップを身につける訓練を受けます。

卒業後は実践と経験を積み重ねて昇進していくなかで、最終的に将軍クラスになっていく人材が選び抜かれていきます。

私たちは、ビジネスリーダーの養成においても、軍隊式を応用することが有効だと考えています。要は、ポテンシャルの高い人材を選び出し、できるだけ早い時期に集中的に鍛えるのです。

確実にリーダーを育成する仕組み

マッキニーロジャーズでは、米国の陸軍士官学校（ウェストポイント）や、英国のサンドハースト王立陸軍士官学校の教育方法を採り入れた、ビジネスパーソン向けのリーダー養成プログラムを企業に提供しています。

これは、私たちがクライアント企業とパートナーを組んで実施するリーダー養成プログラムです。

具体的には、30代から40代前半くらいのリーダークラスのなかで、潜在能力の高い人材を対象とし、その人たちにミッションリーダーシップを通常より速いスピードで身につけてもらいます。

自然界では、生物は突然変異を起こして進化します。

けれども、企業では、社員が突然変異を起こしてリーダーに成長していくのをただ待っているわけにはいきません。企業を取り巻く環境変化のスピードは、生物の進化のスピードとは比べ物にならないほど速いからです。

また、企業が権限委譲を進めるということは、1人のリーダーがすべてを取り仕切る組織からの脱皮を、必然的に要求します。組織内の2割の人間が何らかの形でリーダーシップを求められるとすると、その人数は1000人の会社なら200人、1万人の会社なら2000人となります。数多くのリーダーを継続的に輩出するためには、リーダーを確実に育成できる仕組みが必要なのです。

そして、最終的には、そのなかから企業でいえば社長、軍隊でいえば将軍が出てきます。軍人に言わせると、将軍だけは生まれるもので、つくれるものではないそうです。

数多くのリーダーを輩出する組織のなかから、3年から5年に1人、将軍（社長）が生まれる。そういう仕組みが整っている企業こそ、「常勝の組織」だといえるでしょう。

ビジョンを実現した後はどうすればいいのか？

より高いビジョンをもう一度掲げる

ミッションリーダーシップを組織で恒常的に運用していくためには、常に高いビジョンを掲げ続けなくてはなりません。１つのビジョンを実現したら、すぐに新たなビジョンを構想しなければ、組織は動きを止めてしまうからです。

前章で私は、オヤジ山岳会のエベレスト挑戦というストーリーを紹介しました。その際、「エベレスト登頂に成功した後、彼らはどうなるか」という問題に言及し、もしエベレストに登ることができたら、もう一度、さらなる高いビジョンを掲げなくてはならないと述べました。

なぜなら、オヤジ山岳会は「オヤジの可能性を証明する」ための組織であり、国内の山をのんびり登るだけなら、会の存在意義は見失われてしまい、メンバーたちはバラバラになりかねないからです。

たとえば、エベレストより難易度の高い山を狙うとか、七大陸最高峰にすべて登頂するとか、あるいはまったく違うジャンルの冒険に挑むとか、エベレスト登頂という一見最上級のビジョンを達成した後であっても、夢のあるビジョンはいくらでも見つかるはずです。

企業もまったく同じです。1つのビジョンを実現したら、次はより高いビジョンをもう一度掲げなくてはなりません。

より高いビジョンの設定方法

新たなビジョンを構想するにあたっては、会社の存在意義である経営理念に遡って議論することになるでしょう。

企業には、それぞれ自社の存在意義を明記した普遍的経営理念があるはずです。その内容に立ち返って新たなビジョンを見つけるのです。

オヤジ山岳会の場合は「オヤジの可能性を証明する」が理念だったわけです。

現実では、組織が現在のビジョンを実現しそうになった段階で、次のビジョンは自ずと視界に入ってくるはずです。

ビジョンの実現は組織にとって1つのゴールですが、新たな活動に向けてのスタートでもあります。

第5章のまとめ

SUMMARY

ミッションリーダーシップを身につけるためには、不自然なことに慣れなくてはならず、そのための訓練を要する。組織にミッションリーダーシップを定着させるうえでは、リーダー育成の仕組みを整え、ビジョンを継続的に掲げるといった努力も必要となる。常に新たなビジョンを打ち出し、社員がミッション達成に挑む企業は、イノベーションを可能とする。

第6章
ミッションリーダーシップでグローバル化に対応する

「言語・文化・距離の壁を越える」

MISSION LEADERSHIP

日本企業はグローバル化の波を乗り越えられるのか？

グローバル化で直面する3つの課題

昨今、グローバル化という言葉を聞かない日はありません。

日本企業はグローバルに打って出て勝負すべきだとか、会社をグローバル化するためにはどうしたらいいのかとか、グローバル人材をどうやって育成すべきなのか、といった議論がさかんに交わされています。

グローバル化の流れは、止められないでしょう。

しかし、企業がグローバル化を進めようとするならば、さまざまな課題を乗り越えていかなくてはなりません。

ミッションリーダーシップは、グローバル化を進める企業に有効な組織運営手法だと、私たちは確信しています。

第2章でお話ししたとおり、ミッションリーダーシップの基になったミッションコマンドは、多国籍軍による軍事行動を遂行するために体系化された理論であり、いわば「軍事行動のグローバル化」に対応するための組織運営手法だからです。

グローバル化を進める企業は、次の３つの課題に直面します。

1つめは、言語の違いから生じる課題です。
2つめは、文化の違いから生じる課題です。
3つめは、物理的・時間的距離から生じる課題です。

本章では、それぞれの課題を克服する方法について考えていきましょう。

言語の違いによる課題をどうやって乗り越えるのか？

英語力の向上だけでは解決できない

グローバル化によって、企業では言語とコミュニケーションのあり方が変わるというと、「社内公用語を英語にすることか」と早合点する人がいるかもしれません。

しかし、ここではそういうことをいいたいわけではありません。

もちろん、グローバル化によって海外の顧客にものやサービスを提供するようになったり、海外の企業と提携したりするようなケースは増えていくでしょうから、今後は日本のビジネスパーソンも、もっと英語力に磨きをかけていくべきでしょう。

けれども、すべての人がネイティブスピーカーのように英語を操るというのは現実的でなく、実際のビジネスシーンでは、会議に通訳が同席するとか、文書を翻訳するといった対応がとられ続けるでしょう。

そして、グローバル化にともなう課題の1つは、そうした状況のなかに潜んでいるのです。具体的に説明していきましょう。

たとえば、通訳を挟んだ会話は非常に難しく、しばしば誤解が生じます。

翻訳も同様です。グローバル化を進める企業では、これまでは国内だけで回覧していればよかった文書を海外にも送らなくてはならなくなります。ですが、ぼう大な量の日本語を各国の言語に正確に翻訳するのは、簡単なことではありません。正確に翻訳されているかをチェックすることはさらに困難です。

簡潔明快なビジョンとミッションで言葉の壁を乗り越える

しかも、グローバル化が進んだ企業では、組織の階層が増え、コミュニケートしなくてはならない人の数が格段に増えます。

そのうえ、複数の上司をもつマトリックス組織も常識化しつつあります。

そうしたなかで、社内で発信されるメッセージが通訳や翻訳のたびに変質すると、組織が停滞したり、迷走したりするのです。

停滞、迷走した組織はビジネスで結果を残すことができません。

また、そういった組織では、ビジネスで結果が残せない原因を特定しづらくなります。そのため、「コミュニケーションの問題だ」という曖昧な表現で原因を説明することが多くなります。

では、どうすればいいのでしょうか。


すでに見てきたとおり、ミッションリーダーシップによって、簡潔で夢のあるビジョンを掲げ、その実現に向けた簡潔明快なミッションを設定します。

そして、組織のめざす方向性をはっきりと打ち出し、メンバー全員がそれぞれの役割をよく認識して行動できるようにするのです。

これらが実践できると、たとえ多言語によるコミュニケーションになっても、誤解や相互不理解は最小限にすることができます。

さらに、ミッションリーダーシップによる組織運営においては、リーダーは常に簡潔な言葉を使って話すことを習慣づけます。

簡潔な言葉とは短い言葉であり、書き言葉と同じくらいに完成された文章だということです。そういう言葉は、通訳や翻訳によっても変質することが少なく、組織内に確実に伝わっていきます。

文化の違いによる課題をどうやって乗り越えるのか？

文化の違いは感情的な対立の原因になる

グローバル化した企業では、さまざまな国の人が一緒に働いています。出身国が違えば当然、その人たちがもっている文化も異なりますし、海外でビジネスをはじめた企業は進出先の国の文化と出会います。

したがって、企業のグローバル化は、文化の違いとどう向き合うかという課題もはらんでいるのです。

外国人はよく、「日本人は意見を言わない」といいます。

それくらいならまだいいほうで、「日本人が意見を言わないのは、何も考えていないからだ」と決めつけたり、「日本人は何も考えないで、いつもトップの顔色をうかがっている。それは儒教文化の影響だ」などともっともらしい解釈を加えたりする、自称〝日本通〟の外国人もいます。

その一方で、日本人はよく、「外国人は残業をしない」といいます。

たしかに、一般的に外国人は、日本人と違ってあまり残業をしたがりません。日系企業で働きはじめた米国人が残業しないことに腹を立て、「日本の会社にはサービス残業という文化があるのだから、日本式で働くべきだ」と抗議する日本人も、なかにはいます。

意見を言わないことが文化なのか、残業することが文化なのか。簡単には判断できないことです。

日本人のなかにも、会議で積極的に意見を述べる人はたくさんいますし、米国人のプロフェッショナルのなかには、徹夜をいとわないツワモノも大勢います。

ですから、文化の違いを強調しすぎることは、かえってチームワークを壊すことになりかねません。文化の違いをめぐる議論は、ややもすれば「日本人はダメだ」とか「米国人は使えない」といった話になり、組織内に感情的な対立を引き起こしかねないからです。

ただし、ビジネスでは文化の違いなどいっさい考慮すべきではない、とばっさり切り捨てるのもいきすぎです。

文化はどこの国にも必ずあり、尊重しなくてはならないものだからです。

グローバルにビジネスをしていくうえでは、各国の文化の違いを意識しつつ、いかにビジネスそのものにフォーカスするかが課題なのです。

文化の違いを制約と捉える

ミッションリーダーシップにおける「自由と制約」の考え方でいうと、文化の違いは制約です。したがって、文化の違いという制約があるということを前提にして、ビジネスのオペレーションを組み立てていけばいいのです。

わかりやすく説明しましょう。

読者のみなさんは、「沈没船のジョーク」をご存じでしょうか。

これは、豪華客船が航海で事故に遭い、沈没しはじめたために、船長が乗客たちに船から脱出して海に飛び込むように指示するというシチュエーションにまつわるジョークです。

船には各国の乗客がいて、船長はそれぞれに対して次のように言います。

米国人には、「飛び込めば、あなたはヒーローになれますよ」

英国人には、「飛び込めば、あなたは紳士だと思われますよ」

ドイツ人には、「飛び込むのがルールです」

イタリア人には、「飛び込めば、あなたはモテますよ」

フランス人には、「飛び込まないでください」

日本人には、「みなさん、飛び込んでいますよ」

これは有名なジョークなのですが、知り合いのフランス人に教えると、「ちょっと違うな。フランス人は、『飛び込むな』と言われようが、『飛び込め』と言われようが、『あなたに言われたくない』と言って反発する。そして、船が沈没するまで、ずっと船長と議論するんだ」

と言って笑っていました。

それはともかく、このジョークが示唆しているのは、船から乗客を無事に脱出させるための説得は、それぞれの乗客のお国柄に応じてすればいいということです。

文化の違いではなくビジネスにフォーカスする

このジョークにおける船長のミッションは、「乗客から死者を出さないために、全員を船から脱出させること」です。「what」と「why」の関係でミッションを表現するならば、「what」は「全員を船から脱出させること」であり、「why」は「死者を出さないこと」です。

グローバル企業でいえば、本社からのミッションに当たるもので、国の違いに関係なくまったく同じであるべきです。

一方、説得の仕方は「how」に当たり、乗客によって変えてかまわないものです。グローバル企業なら、現地法人内のコミュニケーションに当たります。

各国の乗客（社員）が一番納得する理由をもち出して伝えればいいわけで、どういう言葉を選ぶかは船長（現地のリーダー）の自由な判断に委ねられるのです。

企業はビジネスをしているのであり、異文化理解を目的に活動しているのではありません。グローバル化を進めるといいつつ、文化の違いを乗り越えようと躍起になりすぎるのは、迷宮に入っていくようなものです。

したがって、あくまでミッションにフォーカスしてコミュニケーションを進めていけば、次第に文化の違いは問題ではなくなってくるはずです。

距離の違いによる課題をどうやって乗り越えるのか?

物理的な距離がもたらす感情のもつれ

グローバル化によって企業が海外で事業を展開しはじめると、その企業で働いている人たちの間に距離が生じます。

1つは物理的距離、つまり国と国の間に現実に存在する距離です。

日本国内だけでビジネスが完結している企業では、働く人たちの距離はきわめて接近しています。現在の交通事情であれば、国内ならだいたいどこの地域でも、1日かければ行けるでしょう。

けれども、ビジネスのグローバル化が進むと、国内では当たり前のことができないケースが増えてきます。物理的距離を縮めることは不可能であり、集まりたいときに集まれるとは限らないからです。そのためメールでのやりとりが増え、どうしても顔の見えない関係ができてしまいます。

そのため、本社と海外の出先の間で意思の疎通がうまくできなかったり、もめごとが起こったりすると、おたがいに原因は相手の仕事ぶりが悪いせいだと決めつけてしまいがちです。

本当は、直接会ってコミュニケーションをとっていないことが原因だったりするのですが、なかなかそのことには気づけないため、日本人同士でも「まったく、本社は何もわかってない」とか、「中国で働いている連中はいったい何をやっているんだ」と不満をぶつけ合い、険悪な関係になってしまうことがあります。

時間的な距離がもたらす感情のもつれ

グローバル化によって生じる距離にはもう1つ、時間的距離もあります。これは時差のことです。日本企業の場合、最も悩まされるのは米国東海岸との時差でしょう。東京とニューヨークの時差は14時間あります。東京の人が午前9時に会社にやってきても、ニューヨークは前日の午後7時です。ニューヨークの人が午前9時に会社にやってくると、東京はもう午後11時です。

ですから、両都市の人が直接連絡を取り合うためには、どちらかが早起きしたり、どちらかが遅くまで会社に残ったりしなくてはなりません。

こうした大きな時差は心理状態の差を生み出します。

東京の人が会社で「仕事モード」のとき、ニューヨークの人は家ですっかり「くつろぎモード」になっていることもありますし、ニューヨークの人が会社で「仕事モード」のとき、東京の人はそろそろ「おやすみモード」になっていたりします。

このようにおたがいのモードが正反対になっているなかで、ビジネスの話をするのは想像以上に難しく、たとえ連絡がとれたとしても、話がうまくかみ合わないといったことがしばしば起こります。

物理的距離と時間的距離も、人々の間に感情のもつれを生み出します。「いい大人がなぜ」と思う人もいるかもしれませんが、グローバル企業では頻繁にそういうことが起こっています。「こっちは大事な用があるのに、なんであっちはもう寝ているんだ」とか、「こちらは遅くまで会社に残って仕事をしているのに、なんであっちから連絡をよこさないんだ」などとおたがいに不満を募らせて、いがみ合う様子を、私は何度も目の当たりにしてきました。

ミッションの明確化と共有で乗り越える

物理的距離や時間的距離が生み出す心理的距離、これらもミッションリーダーシップの考え方にそっていえば、なくせないもの、変えられないもの、つまり制約です。

グローバル化する企業は、そういう制約条件のもとでビジネスを進めなくてはなりませんので、そのことは前提として受け入れて、組織的に動いていく必要があります。

そのためにはやはり、ミッションの明確化と共有が重要となります。

「何（what）を何のために（why）やるか」ということをそれぞれが意識し、実行する。そして、具体的なやり方（how）は当事者に任せる。そういった状態が組織内に定着していれば、距離の問題は克服できます。

大切なことは、距離感を無理に埋めようとするのではなく、組織のメンバーそれぞれがミッションに合意し、その遂行に向けて各自が責任をもって全力を尽くすこと、そして、メンバー同士がおたがいに信頼し合うことなのです。

グローバル時代のリーダー像とは？

仮説検証型思考のリーダーに学ぶ

マッキニーロジャーズのサー・ロバート・フライ会長は、元英国海兵隊総司令官です。

軍人としての現役時代は２００６年に多国籍軍副司令官としてイラクに赴任、退役後はヒューレット・パッカードの防衛保安部門トップなどを経て、10年にマッキニーロジャーズの経営陣に加わりました。

フライ会長はしばしば日本にもやってきます。

彼の言動を近くで見ていて私が感じるのは、話す言葉が非常に明確なこと、観察が鋭いこと、そして質問をよくすることです。

軍人の発する言葉が明確だということは、本書で繰り返し指摘してきました。

フライ会長もまさにそうで、来日中のコミュニケーションでも、苦労している様子はまったくありません。

無駄なことはいっさい口にせず、言葉が短く、話す内容がきわめて明瞭なため、通訳を介しても、言いたいことがそのまま伝わります。

鋭い観察力も、軍人時代に身につけた習性なのでしょう。

フライ会長は、空港でもタクシーの車内でも、夜に食事をするときも、常に何かをじっと観察しています。ただし、それは単に日本の風景や日本人の服装や態度に興味をもっているからではなく、情報を求めているからなのです。

フライ会長は、私が一緒にいるときは、次々に質問を繰り出します。

「あれは、どういうことか」とか、「あの人はなぜああなのか」といった調子であれこれと私に聞いてくるのです。たまに通りすがりの人の様子に興味をもち、「ちょっと話を聞いてきてくれ」と言って、私に質問に行かせることもあります。

そして、こうした質問は必ず仮説をともなっています。

フライ会長は常に、観察し、仮説を立て、それを検証するために質問するのです。「観察」「仮説」「質問」「検証」、頭の中では常にこのサイクルが回っているのです。

こうしたフライ会長の言動は、戦場において最小限の時間で状況を把握し、自分の考えを正確に伝えるために培われたものです。そのため、グローバル時代の企業を率いるリーダーにとっても大いに参考になるはずです。

第6章のまとめ

SUMMARY

グローバル化を進める企業では、言語・文化・距離の課題に直面する。言語コミュニケーションの壁は、ビジョンとミッションの共有によって克服できる。文化や距離が生み出す問題は、それらを制約と捉えてビジネスにフォーカスすることによって乗り越えられる。

おわりに

THE ROYAL MARINES

私たちは今、軍人が長い時間をかけ、高い代償を支払って築いた方法論「ミッションリーダーシップ」を、ビジネスに応用するチャンスに恵まれています。

現代の日本人が、この手法を生かさない手はありません。

私は、ミッションリーダーシップこそが、リーダー不在が嘆かれるこの国に何よりも必要とされるものであると信じています。同時に、権限委譲、組織力の最大化といったミッションリーダーシップのコンセプトは、日本文化と高い親和性を持っていると感じています。

ですから、1人でも多くの日本人がミッションリーダーシップを習得し、個人と組織の成功を手に入れることができれば、こんなにうれしいことはありません。

なお、本書の執筆にあたっては、マッキニーロジャーズ日本法人の仲間である金杉リチャード康弘、八木香両氏の多大なサポートがあったのでこの場を借りてお礼を述べさせていただきます。

最後に、司馬遼太郎の名作『坂の上の雲』から正岡子規の言葉として語られている文章を引用させていただき、本書を締めたいと思います。

「つまりは、運用じゃ。英国の軍艦を買い、ドイツの大砲を買おうとも、その運用が日本人の手で行われ、その運用によって勝てば、その勝利は全部日本人のものじゃ。ちかごろそのように思っている」

２０１２年８月

岩本　仁

【著者紹介】

岩本　仁（いわもと・じん）

◉——マッキニーロジャーズ日本・アジア太平洋代表。東京工業大学卒。戦略コンサルティング会社ブーズ・アレン＆ハミルトンを経て、シック・ジャパンに入社。1995年、カミソリブランド「プロテクター」の責任者として、K－1ファイターのマイク・ベルナルドを起用した『切れてな〜い』というキャッチコピーのマーケティングキャンペーンで記録破りの業績を達成する。96年に32歳で日本人初のシック米国本社ディレクター、2000年１月にシックジャパン社長兼アジア太平洋担当ヴァイスプレジデントに就任。就任直後にシック米国本社がファイザーに買収、３年後にはエナジャイザーに買収されるという試練に見舞われながらも、順調に業績を伸ばす。

◉——04年１月にフランスのLVMH社（モエ ヘネシー・ルイヴィトン社）とイギリスのディアジオ社がジャーディン・マセソン商会から株を買い取って日本で設立した、MHD（モエ ヘネシー ディアジオ）に社長として迎えられる。在任中、13年間連続して縮小していた同事業をＶ字回復させ３年連続の増収・増益を達成する。

◉——08年10月に、イギリスに本社を置きヨーロッパ、アメリカ、アジア、アフリカなど世界各国の多様な業種にコンサルティングサービスを提供する、マッキニーロジャーズ日本・アジア太平洋代表に就任。

◉——1988年から96年まで東京工業大学空手部コーチを務める。

マッキニーロジャーズURL　http://mckinneyrogers.co.jp/

編集協力　秋山　基

英国海兵隊《えいこくかいへいたい》に学《まな》ぶ　最強組織《さいきょうそしき》のつくり方《かた》　〈検印廃止〉

2012年９月３日　第１刷発行
2012年９月25日　第２刷発行

著　者——岩本　仁©
発行者——斉藤　龍男
発行所——株式会社かんき出版
東京都千代田区麹町4-1-4西脇ビル　〒102-0083
電話　営業部：03(3262)8011㈹　編集部：03(3262)8012㈹
FAX　03(3234)4421　振替　00100-2-62304
http://www.kankidirect.com/

DTP——E Branch
印刷所——ベクトル印刷株式会社

乱丁・落丁本は小社にてお取り替えいたします。

ISBN978-4-7612-6857-2 C0034